Monika Lehmann-Etzelmüller
Vom Kreuz zum Leben

Monika Lehmann-Etzelmüller

Vom Kreuz zum Leben

Kreative Gottesdienstentwürfe und Andachten für die Passions- und Osterzeit

neukirchener
aussaat

MIX
Papier aus verantwortungsvollen Quellen
FSC® C006701

Dieses Buch wurde auf FSC®-zertifiziertem Papier gedruckt.
FSC (Forest Stewardship Council®) ist eine nichtstaatliche, gemeinnützige Organisation, die sich für eine ökologische und sozialverantwortliche Nutzung der Wälder unserer Erde einsetzt.

Bibliografische Information der Deutschen Nationalbibliothek

Die Deutsche Nationalbibliothek verzeichnet diese Publikation in der Deutschen Nationalbibliografie; detaillierte bibliografische Daten sind im Internet über http://dnb.d-nb.de abrufbar.

Umschlaggestaltung: Andreas Sonnhüter, Düsseldorf, unter Verwendung eines Bildes von © dtimiraos/iStockphoto.com
Lektorat: Nicole Zwanzig
DTP: Breklumer Print-Service, Breklum
Verwendete Schrift: Optima
Gesamtherstellung: CPI – Ebner & Spiegel, Ulm
Printed in Germany
ISBN 978-3-7615-6108-9 Print
ISBN 978-3-7615-6109-6 E-Book

www.neukirchener-verlage.de

Inhalt

Zum Geleit

Dieses Buch bietet Ihnen abwechslungsreiche Entwürfe für Gottesdienste in der Passions- und Osterzeit. Es spannt einen Bogen vom Beginn der Fastenzeit bis zum ersten Sonntag nach dem Osterfest. Dazu gehören Gottesdienste zu jedem Sonn- und Feiertag, ebenso aber auch Passionsandachten sowie Impulse für Gottesdienste zu besonderen Zeiten, wie die Osternacht, Karsamstag und eine Feier auf dem Friedhof am Ostermorgen.

Mein Anliegen ist, Gottesdienste mit einer lebensnahen und doch reflektierten Theologie in einer zugänglichen Sprache zu feiern. Die Predigten bedienen sich verschiedenster Formen, zugleich wird Raum für kreative Elemente eröffnet. Anregungen für Gottesdienste mit Kindern und mit Jugendlichen sind Teil meines Buches. Ich bin mir sicher, dass die Entwürfe für Kolleginnen und Kollegen sowie Diakoninnen und Diakone, Prädikantinnen und Prädikanten ein nützlicher Begleiter durch diese intensive Zeit des Kirchenjahres sein werden.

Alle Gottesdienste wurden in der Luthergemeinde in Hemsbach entwickelt und gefeiert. Den Menschen in meiner Gemeinde gilt mein besonderer Dank.

Pfarrerin Monika Lehmann-Etzelmüller

Teil 1: Passionszeit

Das Warten der Samenkörner – Andacht zum Beginn der Passionszeit

- Begrüßung

- Eingangslied: Wir danken dir, Herr Jesu Christ (EG 79) oder Kleines Senfkorn Hoffnung (Text: Alois Albrecht, Musik: Ludger Edelkötter)

- Impuls

Wenn ich an meinem Schreibtisch sitze, dann wandert mein Blick oft durch das Fenster nach draußen. Mein Blick sucht den Garten nach den ersten Zeichen des Frühlings ab. Noch ist alles karg und winterlich; die Bäume schlafen noch und träumen vom Frühling.

Jedes Jahr neu erlebe ich diese Wochen als eine besondere Zeit. Die Wärme der Advents- und Weihnachtszeit ist verblasst, die Aufbruchsstimmung des Jahresanfangs ist verweht, und der Winter wird mir lang. Ich habe Sehnsucht nach Farben, nach Sonne und Wärme, nach dem Erwachen der Bäume und den Liedern der Vögel. Gerade an den Tagen, an denen die graue Wolkendecke sich gar nicht öffnen will, geht es mir so. Für viele Menschen wird es in diesen Wochen auch in der Seele dunkler, alles geht nicht mehr so leicht von der Hand. Das Aufstehen fällt schwer, der Schlaf bringt nicht die rechte Erholung. Die Freude stiehlt sich davon.

Wenn ich so in den Garten schaue, fällt mir wieder ein, wie wir im November die Blumenzwiebeln in der Erde vergraben haben. Was für eine hoffnungsvolle Arbeit ist das doch! Lange Zeit sieht man nichts, die Wochen vergehen, Kälte und Frost ziehen über das Land, und die Blumenzwiebeln liegen in der Erde und warten ihre Zeit ab. Eines Tages bricht die Erde auf und Halme streben der noch müden Sonne entgegen.

Genauso wie die Blumen noch in der Erde schlafen, gibt es auch in meiner Seele vieles, was jetzt nicht sichtbar, aber doch da ist. Es ist noch viel mehr da als die jetzige Müdigkeit, als das nur gedämpfte Licht. Ich bestehe nicht nur aus der Dunkelheit, die mich gerade quält, oder dem Stillstand, der mich lähmt. Da sind auch Zukunft, Kraft, Aussicht auf Licht, Freude, ganz viel Lebensfreude. Wie Blumensamen schläft sie in der Tiefe, und sie wartet darauf, wieder zu neuem Leben zu erwachen. Mit diesem Bild wird endlich die Hoffnung wieder spürbar. Was mich auch belastet und hemmt, es muss nicht für immer sein. Das lässt aufatmen: Ja, so soll es sein. Was mich auch niederdrückt, ich kann es überwinden. Ich habe noch ein anderes Leben in mir, das mich ins Licht ruft. Schon beginnt es zu erwachen und der Sonne entgegenzuwachsen.

Vor wenigen Tagen hat die Passionszeit begonnen. Auch sie ist eine karge Zeit. Viele Menschen verzichten in dieser Zeit auf etwas, das ihnen sonst lieb ist: Süßigkeiten, Kaffee, das Glas Wein am Abend, Stunden vor dem Fernseher. Andere nehmen sich etwas vor, das ihnen gut tut: jeden Tag einen Spaziergang, mehr Zeit zum Schlafen oder Freunde treffen. Der Verzicht und die Konzentration helfen, sich wieder des Wesentlichen bewusst zu werden: Wo ist die Mitte meines Lebens? Was hält mich? In den Gottesdiensten denken wir über das Leiden und Sterben Jesu nach und tragen in sein Leid das Leid auch unseres Lebens ein. Gerade das Aushalten dieser besonderen Zeit lässt neue Kräfte wachsen. Alles drängt ins Licht.

Ich brauche die Zeiten der Kargheit in meinem Leben. Sie zeigen mir, was ich wirklich zum Leben brauche, und sie lehren mich, sorgsam mit mir selbst umzugehen. Wenn ich durch diese Zeit gehe, dann weiß ich: Kargheit, Dunkel und Lähmung werden vergehen. Denn ich gehe Ostern entgegen: neues Leben inmitten des Dunkels, neue Kraft gegen alle Resignation.

Garten im Spätwinter

Ich berühre die Erde.
Karg ist sie.
Dort warten die Samenkörner,
sie werden wachsen, Gott, aus deiner Kraft.
Lass auch mich wachsen.

Ich berühre die Rinde,
die Rinde der Bäume im Garten,
darunter pocht ihr Leben.
Bäume sollen am Weg sein,
ihr Schatten und ihr Schutz.

Ich höre die Vögel,
ihr Singen am Morgen,
bevor die Sonne kommt.
Lass auch mich ein Lied machen,
aus meiner Sehnsucht ein Lied.

Ich spüre die Sonne,
ihre Wärme, ihr Licht.
Lass mich dein Licht sehen,
das nicht vergeht,
auch auf dunklem Weg
leuchtet es.

Gib mir Sonne, Gott, und gib mir Bäume,
gib mir Wasser, gib mir Brot,
gib mir Wachsen, gib mir Reifen,
lass mich wohnen, du mein Gott,
nah bei dir
im Haus deiner Freundlichkeit.

- Schlusslied: Ich sing dir mein Lied (deutscher Text: Fritz Baltruweit und Barbara Hustedt, Melodie: aus Brasilien)

- Segen

Gott segne dich.
Er lasse in dir wachsen
Kraft zum Leben,
Mut, neu aufzubrechen,
Freude, Gott ein Lied zu singen.
So segne dich Gott.

I. Gottesdienste in der Passionszeit

1. Invokavit: Masken – Einstimmung in die Passionszeit

Besonderes: Dekorieren Sie die Kirche mit Masken und Kostümen, zum Beispiel auf Schaufensterpuppen. Basteln Sie im Konfirmandenunterricht oder im Jugendtreff Masken, zum Beispiel aus Pappmaché und ermutigen Sie die Jugendlichen, ihre Masken mitzubringen und vorzustellen. Zum Ein- oder Ausgang können Karten mit dem Gedicht „Wer bin ich?" von Dietrich Bonhoeffer verteilt werden. Diese sind günstig beim Gottesdienstinstitut der Evangelisch-Lutherischen Kirche in Bayern zu erhalten.

- Musik zum Eingang

- Eingangslied: Liebster Jesu, wir sind hier (EG 161) oder Jesu, deine Passion will ich jetzt bedenken (EG 88,1-2.5-6)

- Votum – Liturgischer Gruß

- Gebet in zwei Gruppen mit gemeinsam gesungenem Ruf: Meine Hoffnung und meine Freude (aus Taizé, Musik: Jacques Berthier; Ö 641)[1]

Am Morgen des Tages kommen wir zu dir, guter Gott,
und alles, was wir auf dem Herzen haben, bringen wir zu dir:
  Die Freude dieser Woche,
  manche Sonnenstrahlen,
  gute Gespräche und Begegnungen,
  Lieben und Geliebtwerden,
  Freude über gelungene Arbeit.
Die Blumen, die für uns blühen,
das Rascheln der Blätter,
die Stille des Morgens und die Ruhe der Nacht.

[1] Regionalteil der EG-Ausgabe Österreich.

Alle: Meine Hoffnung und meine Freude …

Zu dir bringen wir unseren Kummer und unsere Sorge,
alles, was nicht gelungen ist,
Zurückweisung und Kränkung,
Ängste und den schweren Weg.
Dass wir uns voreinander verbergen,
einander nicht wirklich sehen,
wegsehen von der Not anderer,
die Angst, nicht zu genügen,
die Leere und die Zweifel an uns und an anderen.
Dich bitten wir, Gott:
Lass ein Lied der Freude in unserem Herzen sein.
Und lass uns das Gute sehen, das du uns schenkst.
Vertreibe die Schatten
und nimm die Last von unseren Schultern.
Lass heilen, was uns schmerzt, und
führe uns auf gutem und freundlichem Weg.

Alle: Meine Hoffnung und meine Freude …

- Eingangsgebet

Gott, still will ich werden,
still wie ein Kind im Arm der Mutter,
das ihren Herzschlag mit in den Schlaf nimmt,
in die Träume ihr Lied.
Still will ich werden,
so still wie die Erde,
die wartet, dass das Eis bricht
und der Winter vorbeizieht
und dabei träumt von Farben und von Leben.
Still will ich werden,
so still, dass ich das Flüstern in meinem Herzen höre,
das Überhörte,
das nie Gesagte,
das ganz Leise.
Still will ich werden,

um dich zu hören,
deine Stimme unter den vielen,
die zärtlich ist und vertraut,
sanft wie der Windhauch am Morgen.
In der Stille, Gott,
lass mich deine Stimme hören.

- Kyrieruf – Gnadenzuspruch

- Bittlied: Ehre sei dir, Christe (EG 75,1) oder Gott ist gegenwärtig (EG 165,1)

- Tagesgebet

Vor dir, Gott,
nehme ich die Maske ab,
hinter der ich mich ängstlich verberge,
im Licht deiner Liebe,
in deinem liebevollen Blick
wage ich die zu sein, die ich bin,
mit allen Ängsten,
mit allen Sehnsüchten,
mit allen Zweifeln,
nur ich und du.
Du schaust mich liebevoll an,
liebst auch das, was dunkel ist in mir.
Das macht mich frei.

- Lesung: Matthäus 4,1-11

- Glaubensbekenntnis

- Hauptlied: Wenn das Brot, das wir teilen (HN 632)[2]

---

[2] Regionalteil der EG-Ausgabe Hessen-Nassau.

• Predigt

In den letzten Tagen sind sie mir häufig begegnet: Piraten und Prinzessinnen, Clowns und Gespenster, Zauberer und Dschungelbewohner. Es ist eine schöne Gelegenheit, in der Fastnachtszeit eine Maske aufzusetzen und einmal ein ganz anderer zu sein. Masken gehören nicht nur zu diesen wenigen Tagen, bevor der Aschermittwoch kommt und dem Spaß ein Ende macht. Masken sind auch sonst Teil unseres Lebens. Masken gehören zu unserer Art, uns der Welt zu präsentieren, sind Tarnung oder Schutz.

In der Zeitung ist immer öfter zu lesen, dass die Anzahl der Krankheitstage unter Arbeitnehmern stetig sinkt. Das heißt wohl nicht, dass die Menschen weniger krank sind, sondern dass sie zur Arbeit gehen, obwohl sie krank sind. Die Angst, sonst den Job oder an Ansehen zu verlieren, ist groß. Bei der Arbeit wollen viele nach außen zeigen, dass sie fit, dass sie leistungsbereit und flexibel sind, manchmal bis zur Selbstaufgabe. Die Schwächen, die Verunsicherungen und die Müdigkeit werden dann versteckt unter einer Maske ständigen Funktionierens. Ich kenne nicht wenige Menschen, die irgendwann unter der Last ihrer Rolle zusammengebrochen sind.

Nicht nur im Beruf, auch im täglichen Umgang miteinander tragen wir Masken. Es müssen ja nicht alle wissen, wie es mir gerade geht. Wir fürchten das Gerede der Leute, und wir wissen, wie rasch und unbarmherzig ihr Urteil sein kann. Dann reißen wir uns eben zusammen. „Der Mund kann lachen, wenn das Herz auch traurig ist", heißt es im Buch der Sprüche.[3] Lächeln, obwohl ganz viel Traurigkeit im Herzen ist. Aufgaben anpacken, obwohl die Müdigkeit so groß ist. Freundlichen Smalltalk machen, obwohl es ganz anderes zu sagen gäbe. Der Mund kann lachen, wenn das Herz auch traurig ist. Eine Maske hilft zu überleben, wenn meine Umgebung mir kalt und unbarmherzig erscheint. Aber ich werde arm und einsam, wenn ich niemanden mehr habe, bei dem ich die Masken fallen lassen kann und vor dem ich schwach, elend und schutzlos sein darf.

Wir stehen am Anfang der Passionszeit. In den nächsten Wochen werden wir Jesus begleiten auf seinem Weg. Der Weg führt hinauf nach Jerusa-

---

[3] Sinngemäß nach Spr 14,13.

lem. Er führt zum Kreuz. Auf diesem Weg wird Jesus vielen Menschen begegnen. Jesus hatte die besondere Gabe, Menschen hinter ihren Masken zu erkennen. Ihnen hat er Mut gemacht, die Maske abzunehmen und ihr unverstelltes Angesicht zu zeigen – und gerade darin zu erkennen, dass Gott sie liebt und annimmt, wie sie sind. Hinter dem scheinbar geldversessenen Zöllner holte er den Menschen hervor, der Sehnsucht hat nach einem neuen Anfang. In der verachteten Frau, die ihm die Füße salbt, pries er einen Menschen, der rückhaltlos zu lieben vermag. Dem manchmal großmäuligen Petrus zeigte er einen anderen Petrus, der Angst haben und versagen darf – und dennoch einer ist, auf den Gott zählt. Selbst in dem, der ihn verraten und verkaufen wird, vermochte er den Gescheiterten zu erkennen und ihn Bruder zu nennen. Hinter den Masken sieht Jesus Menschen, die sich danach sehnen, angenommen und geliebt und etwas wert zu sein. Wie wertvoll sie sind, zeigt er ihnen darin, dass er sein eigenes Leben in die Waagschale wirft.

An diesem Jesus, der sein Leben in die Waagschale wirft, sind diese Menschen heil geworden. In ihnen finde ich die Sehnsucht, angenommen zu sein, auch wenn ich arm, hilflos, ohne eigene Verdienste, schuldig, krank an Leib und Seele bin. Die Sehnsucht, alle Masken der Perfektion fallen lassen zu dürfen und doch angesehen zu werden mit Augen voller Liebe und nicht voller Urteil. Gäbe es unsere Kirche überhaupt ohne diese Sehnsucht? Die Güte, die Qualität einer Gemeinde wird sich auch daran messen lassen müssen, wie die Menschen in ihr miteinander umgehen. Müssen wir Masken tragen voreinander? Dürfen wir sie nie ablegen? Darf man sich unter uns auch ein Stück preisgeben mit seiner Schwäche, mit seinen Fehlern und Unzulänglichkeiten, ohne die Achtung, die liebevolle Anteilnahme der anderen zu verlieren? Kann ich mich preisgeben und doch gewiss sein: Ich werde aufgefangen? Wie viel hängt davon ab! Und wäre das nicht ein wunderbares Projekt für die Passionszeit, mir vorzunehmen, mich den Menschen um mich her unverstellter und wahrhaftiger zuzumuten. Was würde wohl geschehen, wenn ich die Maske abnehme?

Wer bin ich? Wer bin ich, wenn alle Masken fallen? Dietrich Bonhoeffer hat dazu im Gefängnis ein Gebet geschrieben. Dort heißt es:

… „Bin ich das wirklich, was andere von mir sagen?
Oder bin ich nur das, was ich selbst von mir weiß?
Unruhig, sehnsüchtig, krank, wie ein Vogel im Käfig,
ringend nach Lebensatem, als würge mir einer die Kehle,
hungernd nach Farben, nach Blumen, nach Vogelstimmen,
dürstend nach guten Worten, nach menschlicher Nähe,
zitternd vor Zorn über Willkür und kleinlichste Kränkung,
umgetrieben vom Warten auf große Dinge,
ohnmächtig bangend um Freunde in endloser Ferne,
müde und leer zum Beten, zum Denken, zum Schaffen,
matt und bereit, von allem Abschied zu nehmen?

Wer bin ich? Der oder jener?
Bin ich heute dieser und morgen ein andrer?
Bin ich beides zugleich? …

Wer bin ich? Einsames Fragen treibt mit mir Spott.
Wer ich auch bin, Du kennst mich, dein bin ich, oh Gott."[4]

Wer bin ich?

Wer bin ich? Bin ich der eine, der mutig und tapfer mit der Last seines Lebens, der Krankheit, der Einsamkeit umgeht, oder bin ich der andere, der bei einem anderen weinen können will wie ein Kind bei der Mutter?
Bin ich die eine, die immer so selbstsicher und tough auftritt, immer vorweg, den anderen immer eine Nasenlänge voraus, oder bin ich die andere, die mit der tiefen Verunsicherung in sich lebt und mit ihr kämpft?
Bin ich der eine, auf den sich alle immer verlassen können, oder bin ich der andere, der tief im Herzen danach fragt: Wo bleibe ich?
Bin ich die eine, der nie etwas zu viel wird, oder bin ich die andere, die in sich so viel Ausgebranntsein findet?
Bin ich der eine, der mit dem Leben allein so gut klarkommt, oder bin ich der andere, der kaum weiß, wohin mit seiner Zeit, mit seiner Sehnsucht, mit seiner Liebe?

---

[4] Dietrich Bonhoeffer, Widerstand und Ergebung. © 1998, Gütersloher Verlagshaus, Gütersloh, in der Verlagsgruppe Random House GmbH, S. 188.

Wer bin ich? Dietrich Bonhoeffer hat eine Antwort auf seine Frage gefunden: „Dein bin ich, oh Gott." Für mich spricht viel Ermutigung, viel Trost und auch viel Liebe aus diesen Worten. Ich gehöre nicht anderen Menschen, nicht ihren Meinungen, nicht ihrem Bild, nicht ihren Verurteilungen. Ich gehöre Gott. Ich gehöre nicht nur der Arbeit, die ich tue, nicht den Aufgaben, die mich bedrängen. Ich gehöre aber auch nicht der Traurigkeit, der Einsamkeit, dem Versagen, der Schwäche, die ich in mir finde. „Dein bin ich, oh Gott." Wie viel Befreiendes spricht aus diesem kurzen Bekenntnis. Mit ihm legen wir Gott alles in die Hand, was wir sind. Gelassener können wir dann umgehen mit den Erwartungen anderer. Unser Wert hängt nicht von ihrem Urteil ab. Mutiger können wir werden, den Menschen unserer Umgebung etwas zuzutrauen, wenn wir die Masken abnehmen. Ehrlicher können wir werden mit dem, was wir selbst brauchen, um leben zu können, mit den Grenzen, mit den Schwächen, mit den Ängsten. „Wer bin ich? Einsames Fragen treibt mit mir Spott. Wer ich auch bin, Du kennst mich, dein bin ich, oh Gott."

- Predigtlied: Vertraut den neuen Wegen (EG 395)

- Fürbitten

Jesus,
unter den Masken hast du die Menschen erkannt,
dein liebevoller Blick hat ihnen Mut gemacht,
die Masken abzunehmen und in das heilende Licht deiner Liebe zu kommen.
Darum bitten wir dich für alle, die sich hinter Masken verbergen,
für Jugendliche, die ganz cool sind und sich nach Anerkennung sehnen,
für Menschen, die alles haben und denen dennoch die Sehnsucht am Herzen nagt,
für die, die ihre Überforderung verstecken
oder sich im Hamsterrad ständiger Erwartungen müde laufen.

Wir bitten dich für die, die sich nicht mehr trauen zu zeigen, was sie brauchen.
Dass sie wieder lernen, Ich zu sagen.
Wir bitten dich für die müde Gewordenen,

für alle, die der Druck, funktionieren zu müssen,
krank zu machen droht oder schon krank gemacht hat.

Jesus, vor uns liegt die Passionszeit,
Zeit in der wir dir nahe sein wollen.
Wir wollen diesen Weg mit dir gehen
und an deiner Seite bleiben.
Gemeinsam wollen wir unterwegs sein,
als Menschen, die einander Weggefährten sind
und ihre Hoffnung teilen wie Brot.
Du, der du hinter den Masken Menschen erkannt hast,
lass uns Mut fassen, unsere Masken abzunehmen,
dass wir uns einander zumuten, auch mit dem Dunkel, das in uns ist,
mit unseren Verletzungen, unserer Angst, unserer Schuld und unserem Ärger.
Nicht verurteilend wollen wir aufeinander blicken, sondern uns liebevoll anschauen.
Versammelt unter dem liebevollen und väterlichen Angesicht deines Vaters beten wir als Gottes Kinder:

- Vaterunser

- Schlusslied: Ach bleib mit deiner Gnade bei uns (EG 347)

- Segen

Gott segne dich mit Menschen,
bei denen du alle Masken abnehmen kannst,
er segne dich mit einem weiten und liebevollen Herzen,
das andere nicht verurteilt, sondern sie annimmt, wie sie sind.
Gott schenke dir Mut,
die Maske abzunehmen und dein Gesicht zu zeigen.

- Musik zum Ausgang

2. Reminiszere: Mamas Bibel

- Musik zum Eingang

- Eingangslied: Herr, stärke mich, dein Leiden zu bedenken (EG 91,1-4.9)

- Votum – Liturgischer Gruß

- Begrüßung

„Herr, stärke mich, dein Leiden zu bedenken, mich in das Meer der Liebe zu versenken, die dich bewog, von aller Schuld des Bösen uns zu erlösen." Diese Worte haben wir beim Singen des ersten Liedes zu unseren eigenen gemacht. Das Leiden Jesu bedenken wir in der Passionszeit. Gerade auf diesem Leidensweg erscheint uns aber auch die Liebe Gottes, die durch das Reden, Tun und Geschick Jesu durchschimmert. Die Liebe Gottes, die uns gilt. Wir spüren: Es geht auch um mich in dieser Geschichte. Weil Jesus seinen Weg zu Ende gegangen ist, habe ich einen, dem ich meine Not und Schuld, meine Angst und Trauer anvertrauen kann. Die Geschichte unseres eigenen Lebens wird hineingenommen in die Geschichte Jesu. Was das bedeuten kann, das hören wir heute in der Predigt, die uns die Geschichte eines Lebens erzählt, das durch die Nähe zu Gott einen neuen Anfang, Vergebung und den Mut, neu zu vertrauen, gefunden hat.

- Psalm 10 oder Psalm 34

- Eingangsgebet

Du Gott des Lebens,
lehre mich die Geduld des Samenkornes,
das lange in der Erde schläft, aber weiß: Das Leben beginnt neu.
Lehre mich die Hoffnung der Vögel,
die im Dunkeln zu singen beginnen,
obwohl der Morgen noch ferne ist.
Lehre mich die Kraft des Eises,
das die Erde den Winter lang umspannt,
doch dann schmilzt in der Wärme des Märzlichtes.

Lehre mich die Sanftmut des Wassers,
das den Stein so sachte umspült und doch verändert.
Komm, du Geist des Lebens,
und verändere mich.

- Kyrieruf – Gnadenzuspruch

- Bittlied: Ein Lämmlein geht und trägt die Schuld (EG 83,4)

- Tagesgebet

Jesus Christus, bei dir bleiben wir in deiner Angst, in deiner Not, in deinem Leid.
Du hast die Angst ausgehalten, damit wir keine Angst mehr haben müssen.
Du bist der Not nicht ausgewichen, damit wir nicht allein bleiben mit unserer Not.
Du bist den Kreuzweg bis zum Ende gegangen, damit wir die schweren Wege unseres Lebens nicht allein gehen, sondern dich an unserer Seite haben.
Nahe bei dir wollen wir bleiben, denn du hast Worte des Lebens.

- Lesung: Markus 12,1-12

- Glaubensbekenntnis

Ich glaube an Gott.
Niemand hat Gott je gesehen,
und dennoch ist er uns nah,
dort wo Menschen füreinander da sind,
wo Liebe ist und Barmherzigkeit,
da zeigt sich Gott.
An diesen Gott glaube ich.

Ich glaube an Jesus Christus,
der die Kinder zu sich gerufen hat
und die Schönheit der Blumen pries,
ein Heiler ist er und ein Freund,
ein Bruder und ein Weiser.

Ein Hirte ist er, der durch gute Landschaften führt
und meine Hand fasst, wenn der Weg dunkel ist.
An diesen Jesus glaube ich.

Ich glaube an den Geist Gottes,
der Lachen und Freude ist,
der Widerstand ist gegen Gewalt und Kälte.
Er macht harte Herzen weich
und hält am Leben in schwerer Zeit.
Er macht mir Mut, meinen Weg zu gehen
und mein Leben zu leben,
weil es das Leben ist, das Gott mir geschenkt hat.
An diesen guten Geist Gottes glaube ich.
Amen

- Hauptlied: Wenn wir in höchsten Nöten sein (EG 366,1.5-7)

- Narrative Predigt zu Römer 5,1-5

Die Pfarrerin war schon halb aus der Tür, als sie sich noch einmal umwandte. „Vergessen Sie den Bibelspruch nicht, Herr Kopp", sagte sie. „Und wenn Sie auch einen Psalm heraussuchen könnten, das wäre gut." Sie nickte ihm zu und schaute ihn einen Augenblick lang voll Mitgefühl an. Dann schloss sich die Tür hinter ihr, und er war allein. Allein im Haus seiner Mutter. Im Haus seiner Kindheit. Die Stille umschloss ihn. In diesem Haus war immer Leben gewesen. Es war keine gute Stille, sie tat ihm weh. Er widerstand der Versuchung, das Radio einzuschalten, und ging nach oben. In der Mitte der Treppe wurde es ihm schwindlig; er spürte den Schlafmangel, die Anspannung der letzten Tage. Er sah sich selbst als kleiner Junge die Treppe herunterkommen, vorsichtig, Schritt für Schritt, und die Stimme seiner Mutter rief ihm zu: „Junge, halt dich fest." Der Schwindel war wie ein Sog, der die Welt seiner Kindheit aufnahm. Dann war er oben. Er würde das jetzt gleich erledigen; er wollte alles geklärt haben, bis seine Schwester kam. Die Schlafzimmertür stand offen. Alles war unverändert. Das Bett seiner Mutter, die Decke aufgeschlagen. Auf dem Nachttisch die Medikamente. Ein vager Geruch nach Desinfektion und Salbe. Darunter ganz flüchtig der Duft seiner Mutter, nach Seife und frischem Leinen. Er ließ sich auf die Bettkante sinken und schluckte den Kloß im

Hals weg. Die Bibel war immer im Fach des Nachttischs gewesen, den er ihr zum Sechzigsten geschreinert hatte, und ja, da lag sie. Er nahm das schwere, schwarze Buch in die Hand und wunderte sich, wie gebraucht und abgenutzt die Bibel aussah. Einen flüchtigen Moment dachte er an die Familienbibel, die Karin und er bei der Hochzeit überreicht bekommen hatten. Wo war die Bibel eigentlich? Vermutlich irgendwo im Regal oder im Wohnzimmerschrank ganz hinten. In der Schublade fand er einen Notizblock und einen Bleistift. Er schrieb ordentlich „Texte für die Beerdigung" auf den Zettel und schlug die Bibel auf. Sie öffnete sich ganz von selbst bei den Psalmen, wie er erleichtert feststellte. Er blätterte die Seiten um: „Der Herr ist mein Hirte" – das hatten sie bei Papas Beerdigung gelesen. Er blätterte weiter. „Der Herr hat seinen Engeln befohlen, dass sie dich behüten auf all deinen Wegen", las er und daneben ein Vermerk in der Handschrift seiner Mutter: Taufe Sonja. Der Vers gehörte seiner Schwester. Er blätterte noch ein paar Seiten um: Psalm 103, dünn mit Bleistift unterstrichen: „Lobe den Herrn, meine Seele, und vergiss nicht, was er dir Gutes getan hat". Ja, das passte zu seiner Mutter, die in jeder Lage noch etwas Gutes erkennen konnte. Er schrieb Psalm 103 auf den Zettel und war erleichtert; das war gar nicht so schwer gewesen. Jetzt noch einen Bibelspruch für die Ansprache. Er blätterte rasch weiter, seine Augen streiften Geschichten von Jesus. „Lasset die Kindlein zu mir kommen und wehret ihnen nicht", las er und daneben in Mutters Handschrift: Taufe von Manfred. Das hatte er gar nicht gewusst. Er blätterte weiter, ziemlich weit hinten war noch etwas angestrichen, ein ganzer Absatz.

- Lesung: Römer 5,1-5

Die Worte blieben ihm unverständlich, sie sagten ihm nichts, und er wunderte sich, welche Bedeutung sie für seine Mutter gehabt haben könnten. Fast nicht mehr leserlich war mit Bleistift etwas daneben gekritzelt. Eine Jahreszahl, 1968. Das war das Jahr, in dem er 14 wurde, das Jahr seiner Konfirmation. Er las die Worte noch einmal. Der Glaube war etwas, das der Mutter nicht zugeflogen war. Vielleicht war es der Krieg gewesen, die Flucht und alles, was sie dabei erlebt hatte, was ihren Kinderglauben hatte zerbrechen lassen. Als Manfred Kind gewesen war, waren sie nie in die Kirche gegangen, erst als er Konfirmand wurde, da hatte sich das geändert. Fast widerstrebend hatte die Mutter ihn anfangs begleitet, dann war es schon zur Gewohnheit geworden, dass sie Sonntag für Sonntag nach dem Frühstück zusammen aufbrachen. Die Mutter war einfach immer weiter zum Gottesdienst gegangen, auch als er und Sonja schon lange konfirmiert waren. In dieser Zeit hatte sie irgendetwas gefunden, das ihr weiterhalf. Die Alpträume wurden weniger, und dann blieben sie ganz aus. Sie hatten zu den Jahren seiner Kindheit gehört, das nächtliche Aufschrecken, weil die Mutter laut weinte und etwas Unverständliches rief. Die schrecklichen Augenblicke, bis sie ganz bei sich war, und die Versuche des Vaters, sie zu beruhigen und zu trösten. Manfred war schon Abiturient gewesen, als er begriff, dass die Alpträume nicht aus dem Nichts kamen, sondern ihren Grund und ihr Geheimnis hatten. Es war bei einer Familienfeier gewesen oder war es Weihnachten? Er stand mit Tante Lisbeth in der Küche und sie schnitten Kuchen auf, als sie beiläufig fragte: „Hat deine Mutter noch Alpträume?" Er hatte den Kopf geschüttelt. Tante Lisbeth hatte zufrieden genickt und hinzugefügt: „Ja, die Flucht und da ein Kind verlieren, das steckt man nicht gerade so weg", und er hatte auch genickt und sich nicht anmerken lassen, wie erschrocken und verwirrt er war. Noch am Abend hatte er heimlich in Papas Schreibtisch gekramt und den Eintrag gefunden, eine abgegriffene Geburtsurkunde, „Marlies Kopp" stand darauf, geboren im Januar 1945. Er hatte noch eine Schwester gehabt, eine Schwester, die schon als Säugling gestorben war. Er stellt es sich vor, die Mutter ganz jung aus dem Kindbett auf die Flucht, und da verstand er die Alpträume. Um die Zeit seiner Konfirmation herum musste die Mutter etwas gefunden haben, das die Alpträume vertrieb, vielleicht war es ja wirklich der Glaube gewesen, der Glaube an einen Gott, der ein Kind in den Händen hält, das starb, ohne leben zu dürfen und seine Träume wachsen zu lassen, und der ihr verzeiht, die es nicht hat verhindern können. Er hatte nie mit der Mutter darüber gesprochen, nur mit Sonja, Jahre später, und sie hatte es schon gewusst, die Mutter hatte es ihr selbst erzählt. Manfred spürte noch heute den Stich von Eifersucht, dass die Mutter sich Sonja anvertraut hatte und ihm nicht. Aber Sonja war auch anders als er, bohrender, fragender, hartnäckiger. Aber auch sonst hatte Mutter sich verändert. Als er ein Kind war, hatte sie sich völlig hinter ihrem Mann versteckt, sie fuhr kein Auto und überließ Papa alle Entscheidungen. Aber nun war es, als hätte sie beschlossen, dass die Flucht zu Ende ist. Sie grub Wurzeln in die fremde Erde. Sie wurde selbstbewusster. Als Sonja konfirmiert wurde, ließ sie sich in den Gemeindevorstand wählen. In der Schule wurde sie Elternbeirätin. Sie fand Freundinnen und ging mit ihnen ins Kino und ins Theater.

Es war der Hartnäckigkeit seiner Mutter zu verdanken, dass er das verhasste Studium aufgeben und Schreiner werden konnte, wie er es immer gewollt hatte. Ohne sie hätte er es nie zu seinem kleinen, aber feinen Betrieb gebracht. Und Sonja wäre nie und nimmer in Amerika, gut bezahlt und, ja, auch glücklich mit ihrer Arbeit bei dem Pharmakonzern, mit ihrem Texaner und den zwei Söhnen. Für sie hatte der Vater kein Studium vorgesehen, nach der Enttäuschung mit seinem Sohn schon gar nicht, dabei war sie immer die Klügere gewesen, der alles zuflog. Doch da hatte die Mutter nicht locker gelassen, in ihrer liebevollen Art war sie unnachgiebig geblieben, bis der Vater eingelenkt hatte. „Die Liebe ist ausgegossen in unsere Herzen", las er, und er spürte, wie ihm die Tränen kamen. Er blinzelte sie weg, zwischen den Seiten lugte ein Foto heraus. Er brauchte einen Augenblick, um zu begreifen, dass es Sonja und ihn zeigte, als Kinder, sie hielten Martinslichter in der Hand und grinsten beide in die Kamera. Sonne, formten seine Lippen, so hatte er die kleine Schwester als Kind immer genannt, und er spürte eine große Dankbarkeit in sich aufsteigen, dass sie nun wieder im Flieger saß, auf dem Weg zu ihm, und dass er nicht allein war, dass da noch jemand war, der wusste, wie es war, als sie beide Kinder waren, und dass sie die Trauer verstehen würde, besser noch als Karin und die Kinder. Manfred schob die Fotografie zurück zwischen die Seiten. „Frieden mit Gott", die Überschrift war fett gedruckt. Er dachte an die letzten Wochen im Leben seiner Mutter. Sie war ganz ruhig gewesen, sie hatte nicht gekämpft und war von Tag zu Tag schwächer und weniger geworden. Die Schmerzmittel hatten sie eingelullt, am Ende hatte sie viel geschlafen. Hast du denn keine Angst, hatte er einmal geflüstert, in einer der Nachtstunden, als er an ihrem Bett saß. Er hatte geglaubt, dass sie ihn gar nicht hören würde, aber sie hatte die Augen geöffnet und ihn ganz ruhig und klar angesehen. Sie schüttelte sacht den Kopf und zeigte auf das Kreuz, das über ihrem Bett hing, und dann auf Papas Foto, das auf dem Nachttisch stand. Er wartete, ob sie noch etwas sagen würde, aber es kam nichts. Sie war bereit, ihr Leben ins Licht und ins Feuer zu werfen, und offenbar sicher, dass einer auf sie wartete und dass sie wieder bei Papa sein würde und bestimmt auch bei dem verlorenen Kind. Manfred schrieb die Bibelstelle auf sein Papier, faltete es sorgfältig zusammen und steckte es in die Tasche seines Hemdes. Er legte seinen Kopf auf das Kopfkissen und sog den Geruch tief ein. Dann öffnete er das Fenster ganz weit. Im Nussbaum sang ein Vogel. Die Bibel klemmte er sich unter den Arm, als er ging. Er hatte noch ein paar Stunden, bis er zum Flughafen aufbrechen musste. Es gab so vieles, worüber er mit Sonne reden wollte.

- Predigtlied: Ich steh vor dir mit leeren Händen, Herr (EG 382)

- Fürbitten mit Kyrieruf: Kehrvers von EG 97

Guter Gott, wir bitten dich für alle, die auf Veränderung warten,
die das Ende des Winters herbeisehnen,
die darauf warten, dass die Eisschicht auf ihrem Herzen Risse bekommt,
die erstarrt sind in ihrer Trauer,
die endlich wieder lachen wollen und es erst wieder lernen müssen,
die sich nach Leben sehnen, nach Farben und Leichtigkeit.
Wir bitten dich: Gib ihnen Geduld,
lass Mut in ihnen wachsen wie Samenkörner,
die in der Erde liegen und schlafen,
bis ihre Zeit kommt und du sie ins Licht rufst.

Kyrie eleison …

Christus, du hast für dich keine Auswege gesucht
auf dem Weg deines Leidens, um uns Wege zu eröffnen.
Darum bitten wir dich für alle,
die keine Hoffnung in sich finden,
für Menschen, die sich nach Gemeinschaft und Liebe sehnen,
dass sie Menschen haben, die ihren Weg mit ihnen teilen,
für jedes Kind dieser Erde, dass es Menschenarme hat, die es schützen,
für Paare, die spüren, dass ihr gemeinsamer Weg an ein Ende gekommen ist,
dass sie einen guten Weg für sich finden.
Du weißt, wo Schuld und Versagen uns bedrücken.
Sprich du uns frei und lass uns leben als Befreite.

Kyrie eleison …

Heiliger Geist, wir bitten dich,
dass du deine Liebe ausgießt in unsere Herzen,
in unsere Herzen, die oft so müde sind und so verzagt,
so gleichgültig und so beschäftigt mit dem Alltag und mit sich selbst,
stärke unsere Liebe, dass sie nicht stirbt,
lass sie uns teilen wie das Brot
und unsere Hände aus ihr schöpfen
wie aus einer Quelle, die niemals versiegt.

Besonderes: Zu ruhiger und meditativer Musik werden die Gottesdienstbesucherinnen und -besucher angeregt, darüber nachzudenken, wann in ihrem Leben ihnen ein Wort aus der Bibel besonders wichtig geworden ist. Gibt es Worte, die sie begleiten? Für Menschen, die solche Worte nicht haben, können in Körben kleine Zettel mit Bibelversen bereitgelegt und mitgegeben werden.

- Schlusslied: Bewahre uns, Gott (EG 171)

- Segen

Gott, Quelle des Lebens, bewahre dich auf Wüstenwegen.
Christus, Brot, das stärkt, gebe dir neue Kraft für das, was dir schwer ist und dich herausfordert.
Der Geist, Tröster und Mutmacher, halte und trage dich in allem Leiden.
Wärme und Licht schenke dir der dreieinige Gott.

- Musik zum Ausgang

3. Okuli: Hauptsache gesund?!

- Musik zum Eingang

- Eingangslied: Jesu, meines Lebens Leben (EG 86,1.3.5)

- Votum – Liturgischer Gruß

- Begrüßung

„Fürwahr, er trug unsere Krankheit und lud auf sich unsere Schmerzen." Er trug unsere Krankheit. Er hielt unsere Schmerzen aus. Damit wir Frieden finden. Damit wir geheilt werden durch seine Wunden.

Diese Gedanken aus dem Buch des Propheten Jesaja gehören für viele Menschen zur Passionszeit und zur Passionsgeschichte. Wenn wir den Weg bedenken, den Jesus gegangen ist, dann tragen wir an seinen Wegstationen auch das Dunkel und das Schwere unseres eigenen Lebens ein. Davon ist die Passionszeit geprägt: vom Dunkel, dem Gott sich preisgibt. Vom Dunkel, das unser Leben beschattet. In diesem Gottesdienst in der Passionszeit geht es um unser Kranksein, um das Leid, das uns betrifft, oder Menschen, um die wir uns sorgen. Unser Dunkel bringen wir heute zu unserem Gott, der Leid und Kreuz auf sich genommen hat, damit wir nicht allein bleiben auf den schweren Wegen, die wir gehen. Wir bitten ihn, dass er bei uns bleibt, und er wird uns hören.

- Psalmgebet nach Psalm 18 im Wechsel (Liturg/in und Gemeinde)

Ich will dir ein Loblied singen, Herr, denn du gibst mir neue Kraft,
wo Angst mich umtobt wie Wasserfluten, da bist du der Fels, auf den ich mich rette,
wo die Not heranstürmt, bist du das sichere Haus, das mich birgt,
auf stürmischer See bist du das Rettungsboot,
wo andere vom Schicksal sprechen, bleibst du mein Gott,
wo der Boden unter meinen Füßen wankt und rissig wird,
bist du fester Grund,
auf dem ich stehen kann.
Deine Nähe hält das Böse fern,
und heil wird, was zerbrochen ist,
Zuflucht bist du und Schutz.

Der Tod hat seine Hände nach mir ausgestreckt,
Unheil machte mir Angst.
In Angst und Not rief ich deinen Namen,
laut und immer lauter, dass du mich hörst.
Du hast mein Leben in deine Hände genommen
und hältst mich fest, dass ich nicht untergehe.
Die Angst hat mir die Kehle zugeschnürt,
wie Mauern umstellten mich grelles Licht,
Diagnosen, Krankenakten und Gespräche über meinen Kopf hinweg,
du aber hast die Mauern beiseite geschoben,
hast mich aus der Enge in dein weites Land geführt,
ja, hier kann ich wieder atmen.
Das Licht meines Lebens ist wie eine flackernde Kerze,
jedem Windstoß ausgesetzt,
doch du gibst meinem Lebenslicht neue Kraft,
dass es hell und fröhlich leuchtet.
Weil du da bist, wird selbst die Finsternis von Licht erfüllt.
Wo mein Leben wie ein unzugänglicher Berg vor mir steht,
machst du mir Mut, meinen Weg zu finden,
mit dir an der Seite kann ich weitergehen.

- Gebet mit Kyrieruf

Gott, du bist der Atem des Lebens,
auch mein Lebensatem,
zu dir bringe ich die Diagnose,
mit der ich jetzt leben muss und die alles verändert hat.
Ich werde nie mehr so sorglos sein, wie ich war.
Die Veränderungen machen mir Angst.
Bitte hilf mir.

Kyrieruf

Jesus Christus,
du hast Dunkel und Leid auf dich genommen.
Du hast dich kranken Menschen zugewandt
und ihnen geholfen.
Jetzt brauche ich deine Hilfe.

Mal bin ich voller Hoffnung,
mal bin ich nur noch ein Bündel Angst und Verzweiflung.
Du hast Kranken geholfen,
darum hilf jetzt auch mir,
denn ich brauche dich.

Kyrieruf

Geist des Lebens,
du bringst neue Hoffnung.
Neue Hoffnung brauche ich jetzt und ganz viel Mut,
um diesen Weg weiterzugehen.
Hilf mir, zu sehen, dass ich nicht allein gehe,
sondern dass auch dieser Weg ein Weg ist, den du mit mir gehst.

- Kyrieruf – Gnadenzuspruch

- Bittlied: Jesu, hilf siegen (EG 373,5-6)

- Tagesgebet

Heile mich, Erde.
Heile mich, Wind.
Heile mich, Wasser.
Heile mich, Licht.
Heile mich, Gott.

- Lesung: Matthäus 15,21-28 (oder eine andere Heilungsgeschichte)

- Glaubensbekenntnis

- Hauptlied: Du schöner Lebensbaum des Paradieses (EG 96) oder Wir haben Gottes Spuren festgestellt (BEL 665)

- Predigt

Wenn ich Menschen in unserer Gemeinde an ihrem Geburtstag besuche, ihnen alles Gute wünsche und sie frage, was sie selbst sich zum Geburtstag wünschen, bekomme ich oft zur Antwort: „Ja, vor allem Gesundheit. Gesundheit ist das Wichtigste!" Oder: „Ohne Gesundheit ist alles andere nichts." Das ist ja auch so wahr. Wer einmal richtig krank war, so, dass eigentlich gar nichts mehr ging, dass es über lange Zeit alles eingeschränkt und den Alltag lahmgelegt hat, der sagt das aus tiefstem Herzen: „Vor allem Gesundheit wünsche ich dir und wünsche ich mir." Gerade an Geburtstagen wird dieser Wunsch ausgesprochen, aber im Stillen ist er wohl immer da.

Wenn ich erfahre, dass jemand über längere Zeit krank ist, zu Hause oder im Krankenhaus, dann mache ich oft einen Besuch. Einen Menschen zu besuchen, der sich mit einer schweren Diagnose quält, der lebensbedrohlich krank ist, das ist schwer. Sie wissen das aus eigener Erfahrung, und denken Sie nicht, dass es uns Pfarrern da anders geht. Oft stehen auch wir ganz hilflos an einem Krankenlager und suchen nach den richtigen Worten. Manchmal haben wir sie nicht, die richtigen Worte und spüren unsere Hilflosigkeit.

In der Bibel wird immer wieder deutlich, dass der Körper eines Menschen und was ihm widerfährt, eng zusammenhängt mit seiner Seele. In der Bibel ist beides so sehr eins, dass es fast austauschbar wird. Da ist es nahe liegend, dass das Leid der Seele auch auf den Körper übergreifen kann und umgekehrt. Jede Krankheit hat dann eine seelische, eine geistige, und auch eine spirituelle Dimension.

Ärzte suchen in der Behandlung ihrer Patienten auch nach seelischen Ursachen und beziehen sie in die Therapie ein. Manchmal ist das ja auch so naheliegend. Wenn ein viel beschäftigter Mensch, der in seinem Beruf ungemein gefordert wird, einen Herzinfarkt erleidet, dann kann man das rasch als ein Signal des Körpers verstehen: Halte ein! Ich kann nicht mehr. Ähnliches kann auch eingespannten Eltern, Alleinerziehenden, Pflegenden, einem Menschen, der Verantwortung für viele andere hat, geschehen. Und vielleicht kennen Sie das auch, dass Sie einen dicken Schnupfen kriegen und dann wissen: Es ist jetzt Zeit innezuhalten, gut zu sich selbst zu sein und eine Pause einzulegen, die ja nicht nur für den Körper gut, sondern auch für die Seele sehr schöpferisch sein kann.

Kürzlich sprach ich nach dem Gottesdienst mit einer Frau, die ich schon eine ganze Zeit nicht gesehen hatte. Sie erzählte mir, sie sei längere Zeit krank und im Krankenhaus gewesen, aber die Ärzte konnten nichts finden. Aber sie, sie wisse es jetzt. Sie habe einfach falsch gelebt und müsse nun lernen, anders zu leben.

So hat sie ihre Krankheit verstanden: als eine Aufforderung, anders zu leben.

Menschen, die krank sind oder krank waren, leben anders als vorher. Sie sehen vieles anders, sind dankbarer, aufmerksamer für die eigenen Bedürfnisse und Grenzen und barmherziger auch mit den Schwächen und Grenzen der anderen. Der Schriftsteller Andre Gide schreibt: „Ich glaube, dass die Krankheiten Schlüssel sind, die uns gewisse Tore öffnen können. Ich glaube, es gibt gewisse Tore, die einzig die Krankheit öffnen kann. Es gibt jedenfalls einen Gesundheitszustand, der es uns nicht erlaubt, alles zu verstehen. Vielleicht verschließt uns die Krankheit einige Wahrheiten; ebenso aber verschließt uns die Gesundheit andere oder führt uns davon weg, so dass wir uns nicht mehr darum kümmern. Ich habe unter denen, die sich einer unerschütterlichen Gesundheit freuen, noch keinen getroffen, der nicht nach irgendeiner Seite hin ein bisschen beschränkt gewesen wäre, – wie solche, die nie gereist sind".[5]

Der Apostel Paulus war ebenfalls krank. Was er genau hatte, wissen wir nicht, aber es war etwas Chronisches, Wiederkehrendes. Manche Forscher sagen, er hatte Epilepsie oder aber heftige Migräne. Keine Krankheit, die zum Tode führt, aber die doch dafür sorgt, dass man in einem Augenblick, in dem man viel leisten und vollbringen will und viel von einem erwartet wird, plötzlich versagt. So muss es Paulus wohl mehrmals erlebt haben. Er bat Gott, die Krankheit von ihm zu nehmen. In einem seiner Briefe fasst er zusammen, was ihm als Gottes Antwort auf diese Bitte aufging: „Lass dir an meiner Gnade genügen; denn meine Kraft ist in dem Schwachen mächtig" (2. Kor 12,9). Gott hat die Erwartung des Paulus, gesund zu werden, nicht erfüllt. Aber er hat ihm gezeigt, dass gerade in dieser Schwäche, in den Grenzen, in dem Versagen, Gottes Kraft und Güte aufzuscheinen vermögen. Und damit stellt er auch unsere Werteordnung auf den Kopf. Für uns ist Gesundheit höchstes Gut. Aber damit verbindet sich auch ein unheimlicher Druck, der in unserer Gesellschaft sehr gegenwärtig ist: immer funktionieren, immer fit sein, nicht versagen. Gott aber sagt uns, dass unser Leben unendlich kostbar ist und geliebt, auch wenn wir nicht mehr können und nichts

[5] André Gide, Gide, Gesammelte Werke in 12 Bänden, Band III: Autobiographisches, Tagebuch 1923-1939. © 2000, Deutsche Verlags-Anstalt, München, in der Verlagsgruppe Random House GmbH.

zu leisten vermögen und nicht mehr funktionieren, gerade dann. Das hinterfragt die Hierarchie unserer Werte. Es macht uns Mut, es entlastet uns: Du musst nicht immer funktionieren. Du darfst auch schwach sein. Du kannst deine Grenzen annehmen und dich in ihnen von Gott bejaht und getragen fühlen.

Was ist aber, wenn ein Mensch lebensbedrohlich krank ist? Können wir da auch noch nach einem Sinn suchen, nach einer tieferen Wahrheit? Wenn eine Mutter von drei kleinen Kindern mit Anfang vierzig an einem Gehirntumor stirbt, wenn ein Säugling nur einen Tag lebt, wenn ein Mensch seiner Krankheit erliegt, lange bevor seine Zeit vollendet ist, dann kann ich darin keinen Sinn erkennen. Ich empfinde es als zynisch und geradezu gotteslästerlich, wenn jemand sagt, das sei der Wille Gottes. Das ist der Wille Gottes ganz bestimmt nicht! Das sehe ich, wenn ich auf Jesus schaue. Jesus hat viele Menschen geheilt, er hatte die Gabe dazu, war Heiler und Arzt. Er hat sich Krankheiten entgegengestemmt, wie er sich allem Dunkel entgegengestemmt hat.

Wenn ich manchmal schwerkranke Menschen besuche, dann ist deren Frage oft: Was habe ich getan, dass Gott mich so straft? Das ist eine Frage, die aus einer ganz tiefen Verzweiflung herauskommt, dem Gefühl, nicht nur krank, sondern auch von Gott verlassen zu sein. Wenn Sie auch schon einmal gefragt haben: „Was habe ich getan, dass das meinem Mann, meinem Bruder, meiner Frau, meiner Schwester, meinem Vater, meiner Mutter, meinem Kind gar angetan wird?" – fragen Sie nicht mehr so. Quälen Sie sich nicht mehr mit dieser Frage. Schauen Sie auf Jesus. Jesus wurde auch einmal so gefragt, als er einem Menschen gegenüberstand, der sehr krank war: „Hat dieser gesündigt oder seine Eltern?" Und Jesus antwortete: „Keiner hat gesündigt." Er hat widersprochen, Krankheit als eine Folge von Sünde zu sehen. Für ihn war Krankheit eine Form der bösen, lebensfeindlichen und chaotischen Mächte, die sich in unserer Welt Gott widersetzen. Noch immer leben wir in einer Welt, in der das Dunkel groß ist. Wir warten und bitten: Komm, Gott, mit deiner Anderwelt – dein Reich komme. Wenn ein Mensch krank wird, dann ist Gott nicht sein Feind, der ihm gegenübersteht und versucht, ihn niederzuringen. Gott ist der, der an unserer Seite ist. Er ist und bleibt ein Liebhaber des Lebens. Und wenn ein Mensch seiner Krankheit erliegt, dann ist es auch Gott, der eine Niederlage erlebt. Wenn wir wissen wollen, wo Gott ist, in unserer Krankheit, dann müssen wir ans Kreuz schauen, zu dem, den Gott mit aller Qual und Krankheit belegte und der rief und heute mit uns ruft: „Mein Gott, mein Gott, warum hast du mich verlassen?"

Über Krankheit zu sprechen wird ein Tasten und Suchen bleiben, nach Worten, nach Botschaften und nach Sinn. Es ist gut, wenn wir gemeinsam weiter nachdenken. Es ist gut, wenn Menschen den Mut finden, über ihre Krankheit zu sprechen, und nicht glauben, sie müssten ihre Angst und Schwäche vor anderen verbergen. Es ist gut, wenn wir voneinander wissen, wenn wir in unseren Gemeinden da sind für kranke und gesunde Menschen und wenn wir füreinander beten. Es nicht vergessen und uns daran festhalten: Gott geht mit mir. Zeit der Gesundheit und Zeit der Krankheit ist Gottes Zeit mit mir.

- Predigtlied: Herr, du hast mich angerührt (EG 383) oder O Haupt voll Blut und Wunden (EG 85,1.5-6)

- Fürbitten mit gesungenem Gebetsruf: EG 178.12

Gütiger Gott,
wir denken vor dir an Menschen, die krank sind an Leib und Seele,
an Menschen, die mit einer schweren Diagnose konfrontiert sind,
an Menschen, die gesundheitliche Einschränkungen hinnehmen und lernen müssen, in ihren Grenzen zu leben.
Schenke ihnen Hilfe, die sie aufrichtet.
Gib ihnen Kraft für ihren Weg
und Menschen, die sie in ihrem Klagen und Hoffen begleiten.
Für sie rufen wir zu dir:

Kyrie, Kyrie eleison …

Wir denken vor dir an Menschen, die der Pflege bedürfen,
die oft kaum mehr das Haus verlassen
oder schon seit Langem nicht mehr aus ihrem Bett aufstehen können.
Lass sie in den engen Grenzen, die ihnen gesetzt sind, noch Freude finden
und bewahre sie vor der Verbitterung.
Stelle ihnen Menschen an die Seite, die ihnen mit Liebe und Geduld begegnen,

Menschen, die sie nicht vergessen.
Für sie rufen wir zu dir:

Kyrie, Kyrie eleison ...

Wir denken vor dir an Menschen, die ihre Angehörigen pflegen,
die sich oft belasten über ihre Grenzen hinaus.
Gib ihnen den Mut, es sich einzugestehen, wenn ihnen alles zu viel wird,
Mut, auch an sich selbst zu denken,
und lass sie Unterstützung finden in ihrer Umgebung.
Für sie rufen wir zu dir:

Kyrie, Kyrie eleison ...

Wir denken vor dir an Ärztinnen und Ärzte, Krankenschwestern und Pfleger,
die durch ihre Aufgaben und Pflichten hetzen
in Kliniken, denen es an Personal mangelt.
Lass sie ihre Patienten dennoch nicht als Fälle sehen,
sondern als Mitmenschen, die der Hilfe und der Zuwendung bedürfen.
Für sie rufen wir zu dir:

Kyrie, Kyrie eleison ...

In unserer Umgebung gibt es Menschen, an die wir voll Sorge denken.
Wohin sollten wir gehen mit dieser Sorge, wenn nicht zu dir?
Darum nennen wir dir in der Stille ihre Namen.

- Stille

Für sie rufen wir zu dir:

Kyrie, Kyrie eleison ...

Du, Gott, gibst uns, was wir brauchen. Voller Vertrauen beten wir zu dir mit den Worten Jesu:

- Vaterunser

Besonderes: Bieten Sie die Möglichkeit einer Einzelsegnung an.

- Schlusslied: Meinem Gott gehört die Welt (EG 408) oder Bewahre uns, Gott (EG 171)

- Segen

- Musik zum Ausgang

4. Lätare: Freuet euch – mitten in der Passionszeit!

4.1 Wenn das Samenkorn nicht in die Erde fällt

- Musik zum Eingang

- Eingangslied: Tut mir auf die schöne Pforte (EG 166,1.5-6) oder Jesu Kreuz, Leiden und Pein (EG 78,1-2.9-10)

- Votum – Liturgischer Gruß

- Begrüßung

Der heutige Sonntag trägt seit alters her den Namen Lätare. Das ist lateinisch und heißt: „Freuet euch!" Freuet euch – mitten in der Passionszeit! Als sich in den ersten Jahrhunderten des Christentums die Passionszeit mit ihren sieben Sonntagen formte, da haben die Menschen gewusst, dass man nicht sieben Wochen fasten kann, wenn man dabei die Freude vergisst. Und deshalb haben sie den vierten Sonntag der Fastenzeit Lätare genannt. Freuet euch!

Noch ein zweites Bild gehört zu diesem Sonntag Lätare: das Bild vom Weizenkorn. Jesus sagt und denkt dabei an sich selbst: „Wenn das Weizenkorn nicht in die Erde fällt und erstirbt, bleibt es allein; wenn es aber erstirbt, dann bringt es viel Frucht" (Joh 12,24). Das Bild vom Weizenkorn ist das Leitmotiv, dem wir in diesem Gottesdienst folgen.

- Psalm 84

- Eingangsgebet

Guter Gott,
fülle mir die Hände mit Samenkörnern,
die ich ausstreuen kann in meinem Leben.
Samenkörner aus Liebe,
die Spuren hinterlässt und ein Leuchten
im Leben derer, die mir anvertraut sind.
Samenkörner voll Hoffnung,
damit die kleinen Anfänge eine Chance haben
und etwas Gutes und Großes entsteht.

Samenkörner aus Mitgefühl,
aus denen Brot wird, das satt macht,
andere und ja, auch mich selbst.
Sei du die Erde, die wachsen lässt,
sei der Wind, der darüber streicht,
sei du das Wasser, das Leben bringt.
Fülle meine Hände, du Gott
der Erde, des Windes, des Wassers, des Lebens,
mit Samenkörnern, die unscheinbar sind
und doch Träume wachsen lassen,
und Liebe und Wärme und Brot.
Fülle meine Hände, Gott,
denn schau: sie sind leer.

- Kyrieruf – Gnadenzuspruch

- Bittlied: In dir ist Freude (EG 398,1)

- Tagesgebet

Ich bin die Wolke,
du bist der Himmel.
Ich bin der Grashalm,
du bist die Erde.
Ich bin der Vogel,
du bist das Nest.
Ich bin der Seestern,
du bist das Meer.
Ich bin der Hunger,
du bist das Brot.
Ich bin.
Du bist mein Gott.

- Lesung: Johannes 12,20-26

- Glaubensbekenntnis

- Hauptlied: Jesu, meine Freude (EG 396,1-3.6)

• Liedpredigt zu EG 98: Korn, das in die Erde, in den Tod versinkt

Lätare – Freuet euch. In der Zeit des Fastens wird der schwere Weg leichter, wenn wir einen Blick haben für Momente der Freude. Denn in der Passionszeit denken wir über das Leiden und Sterben nach. Aber wir tun es in dem Wissen, dass dieses Leiden und Sterben Sinn haben kann – auch für unser Leben. Wir denken Ostern mit. Und das weckt eine ganz leise und stille Freude inmitten all des Schweren.

Unser Gesangbuch enthält ein Lied, das genau diese Perspektive einnimmt: nicht nur den Tod, sondern durch den Tod hindurch das Leben zu sehen: „Korn, das in die Erde, in den Tod versinkt, Keim, der aus dem Acker in den Morgen dringt." Ich möchte heute Morgen dieses Lied, es ist das Wochenlied, zu meinem Predigttext machen. Im Gesangbuch steht es unter der Nummer 98. Wir singen nun zunächst die erste Strophe. Legen Sie ruhig ein Bändel ein, denn wir werden im Laufe der Predigt auch die weiteren Strophen singen.

(EG 98,1)

„Korn, das in die Erde, in den Tod versinkt, Keim, der aus dem Acker in den Morgen dringt." Nie kann ich dieses Bild besser verstehen als gerade zu dieser Zeit. Es tut gut, dass der graue Winter allmählich dem Frühling Platz macht, dass es überall zu blühen beginnt, wo vorher nur die Kargheit des Winters war. Die Vögel kehren zurück und singen am Morgen. Das Leben setzt sich von Neuem durch. Viele Menschen spüren in dieser Zeit, wie auch innerlich, in der Seele, neuer Mut zum Leben aufwacht, neue Pläne, neue Ideen, neue Möglichkeiten. Jede Osterglocke, die jetzt der Kälte trotzt, jeder Kirschbaum, der neu Knospen zeigt, jede Schwalbe, die zurückkehrt, ist Zeichen dafür, dass das, was tot erschien, neu zu leben beginnt. Selbst Liebe, „die längst erstorben schien", kann wieder aufleben. Auch, was in unserem Leben längst abgeschrieben ist und wie mausetot aussieht, birgt noch Möglichkeiten neuen Anfangs. Da ist vielleicht manche Beziehung, an die wir nicht mehr recht glauben können: in der Ehe vielleicht, weil der Partner gerade unendlich weit weg zu sein scheint und sich Entfremdung einschleicht. Oder wir haben einen Fehler gemacht, der eine Beziehung nachhaltig stört und sie zu zerbrechen droht. Es gibt Ärger in der Familie und lähmende Stummheit liegt über allem. Und doch: Mit der Entfremdung, dem begangenen Fehler, dem verbitterten Schweigen ist nicht alles zu Ende. Die Krise birgt die Möglichkeit neuen Anfangs. Die Herausforderung birgt neue Kraft. Neue Kräfte, neue Lebensmöglichkeiten, neue Anfänge schlummern in uns und werden erwachen, so wie das Samenkorn zu leben beginnt, wenn die Sonne sein Grab in der Erde zu wärmen beginnt.

Wir singen die zweite Strophe (EG 98,2).

Das Geheimnis der Liebe, von dem die erste Strophe gesungen hat, hat einen Namen. Kurz und bündig nennt ihn die zweite Strophe: Jesus. In diesem Menschen, in Jesus von Nazareth, hat sich Gottes Liebe verkörpert. Menschen, die ihm begegneten, haben gespürt: Hier bin ich angenommen. Ich muss nicht erst bestimmten Erwartungen genügen, damit er auf mich zukommt. Seine Liebe gilt mir, so wie ich bin.

Und doch hat Jesus mit dieser Liebe die Menschen damals – und wohl nicht nur damals – irritiert.

Mit den Konfirmanden habe ich in der Bibel nachgelesen, was die Zeitgenossen Jesu über ihn gesagt haben. Da gibt es die, die ihn für den Gesandten Gottes, den Messias und den Retter, halten. Aber es gibt auch die anderen – und darüber waren manche von den Konfis überrascht –, die hielten ihn für einen Dämon, einen Unruhestifter, einen Gotteslästerer, einen Mann, der keine Moral kennt, der mit den betrügerischen Zöllnern isst und freundlich ist zu den Mädchen auf dem Straßenstrich. Seine Liebe ist gefährlich, so dachte die Welt. Sie stiftet Unruhe, vielleicht sogar einen Aufstand; sie hinterfragt die bestehenden Machtverhältnisse. Und so sprachen sie das Urteil – im Namen der Politik: Pilatus, im Namen der Religion: die Hohenpriester, im Namen der Moral: die Pharisäer. Und im Namen der öffentlichen Meinung, denn das ganze Volk rief: Kreuzige ihn!

„Über Gottes Liebe brach die Welt den Stab, wälzte ihren Felsen vor der Liebe Grab. Jesus ist tot, wie sollte er noch fliehn?“ Jesus hat dieses Ende vorhergesehen. Er war gewarnt worden: Geh nicht nach Jerusalem, hatten sie ihm gesagt. Doch Jesus ging seinen Weg konsequent zu Ende. Als er schon wusste, dass die Mächtigen im Lande ihn umbringen wollten, sagte er zu seinen Jüngern: „Wenn das Weizenkorn nicht in die Erde fällt und erstirbt, bleibt es allein; wenn es aber erstirbt, bringt es viel Frucht.“

Dass Jesus dem natürlichen Bild von Säen und Ernten so viel Tröstliches entnimmt, liegt nicht daran, dass er nicht das ganze Ausmaß des Grauens im Tode wahrgenommen hätte. Am Kreuz schreit er: „Mein Gott, mein Gott, warum hast du mich verlassen?" Dass das Bild von Saat und Ernte dennoch dem Grauen des Todes standzuhalten vermag, liegt daran, dass die Bibel in Saat und Ernte das Wunder begreift – ein Wunder, das Gott der Schöpfung eingestiftet hat. So loben die Psalmen Gott: „Du lässt Gras wachsen für das Vieh, du gibst Saat den Menschen zugute, du bringst das Brot aus der Erde hervor".

Wir wissen heute, dass die Kraft zum Wachstum aus den Genen des Samenkorns kommt. Wir haben sogar gelernt, sie zu manipulieren. Aber das Wunder ist damit ja nicht verschwunden. Wer im Zusammenhang von Saat und Ernte die Schöpfermacht Gottes zu erkennen vermag, der hat auch eine Hoffnung über den Tod hinaus. Wie Gott aus jeder Saat Leben hervorgehen lässt, so wie er aus dem Nichts Leben schafft, so wird er auch jenseits meines Todes mein Gott sein, der noch Großes mit mir vorhat. Er wird mich nicht zuschanden werden lassen. Mit dieser Hoffnung ging Jesus nach Jerusalem, seinem Tod entgegen: „Liebe wächst wie Weizen, und ihr Halm ist grün."

Wir singen die dritte Strophe (EG 98,3).

Im harten Gestein der Welt und der Mächtigen ging Gottes Samenkorn verloren. Unser Herz verfängt sich im Gestrüpp von Zweifel und Fragen, in den Dornen von Kummer und Schmerz. Und doch: „Hin ging die Nacht, der dritte Tag erschien." Das Kreuz steht schon im Licht des dritten Tages, des Ostermorgens. Dieses Licht fällt auch auf unseren Kreuzweg, auf das, was in unserem Leben erstorben ist.

An jedem Sonntagmorgen versammeln wir uns unter diesem heilenden und Mut machenden Licht. Wir sind der Einladung des Auferstandenen gefolgt: „Kommt her zu mir alle, die ihr mühselig und beladen seid, ich will euch erquicken." In der Lebendigkeit unserer Gemeinde erfahren wir etwas von der Lebendigkeit des Auferstandenen. In neuen Ideen mag er uns auf überraschende Weise begegnen. In den alten Worten ist er uns als der treue Tröster nah. In den Menschen, für die wir die Kollekte sammeln, zeigt er sich als der, der auf unsere Hilfe angewiesen ist. Und im Segen kommt er uns nah und gibt uns Kraft für unseren Weg durch die kommende Woche.

Diese Erfahrungen mit dem Auferstandenen spiegeln sich im Frühling der Natur. Manchmal bleibe ich, wenn ich in unserer Gemeinde unterwegs bin, vor einem Garten stehen. Ich schaue mir eine Blume an oder einen treibenden Baum. Vieles von dem, was mich beschäftigt, verliert dann an Bedeutung. In der sich entfaltenden Knospe erkenne ich das Wunder, das auch mich leben lässt. Ich spüre, wie Dankbarkeit und Freude in mir aufsteigen. Ich setze mich dann auf mein Fahrrad und fahre womöglich zu jemandem, der Geburtstag hat. Und ich hoffe, ein wenig von dieser Freude wird dann auch in unserer Begegnung sichtbar.

Diese Hoffnung drückt unser Lied in seinem Kehrvers aus: „Liebe wächst wie Weizen, und ihr Halm ist grün." Das ist das Geheimnis der Liebe: Was aus unserer Liebe wird, die wir verschenken, das haben wir nicht in der Hand. Wir geben sie ins Ungewisse, wie das Saatkorn in die Erde. Und doch wird uns immer wieder die Erfahrung geschenkt: wie unendlich viel wir dann zurückbekommen. Liebe lebt auf. Das ist immer, wenn es geschieht, ein Wunder, für das wir Gott danken dürfen, dem Gott, der das Brot aus der Erde hervorbringt und der Jesus nicht im Grab gelassen hat.

- Stille oder Musik: Improvisation zu EG 98

- Fürbitten, verbunden mit dem Lied: Kleines Senfkorn Hoffnung (Text: Alois Albrecht, Musik: Ludger Edelkötter)

Gott,
du gibst neuen Mut und vertreibst die Angst.
Bleibe bei uns in allem, was Angst macht,
Angst vor der Zukunft,
Angst um geliebte Menschen,
Angst, dass wir es nicht mehr schaffen.
Gib uns ein Samenkorn Mut, das groß wird wie ein Baum,
unter dessen Zweigen wir Zuflucht finden.

Alle: 1. Strophe

Jesus Christus,
Licht, das nicht verlöscht,
lass immer wieder Funken deines Lichtes in unser Leben fallen,
lass unsere Liebe und unseren Glauben nicht verlöschen.
Gib uns von deinem Licht, das wir es mitnehmen
Zu Menschen, in denen es ganz dunkel geworden ist.
So lass uns Licht sein.

Alle: 2. Strophe

Du Geist des Lebens,
gib uns Hände, die teilen können,
Geld und Brot und Hoffnung.
Gib jedem Menschen das, was er braucht.

Alle: 3. Strophe

Du, Gott, tröstest wie eine Mutter,
Jesus Christus, du hast die Trauernden selig genannt.
Dein Geist richtet uns wieder auf.
Sei bei allen, die trauern und einen geliebten Menschen vermissen,
hilf, dass wir einander nicht allein lassen, sondern uns beistehen.

Alle: 4. Strophe

Gärtner des Lebens, lass uns in unserem Leben, unserem Tun und Reden, Samenkörner aussäen, die Boden finden, wachsen und groß werden, damit wir einander beistehen, einander Mut machen und einander helfen. Dir vertrauen wir unser Leben an, die Freude und die Not, wenn wir beten:

- Vaterunser

Besonderes: Schenken Sie den Gottesdienstbesuchern Samenkörner zum Aussäen oder eine Blumenzwiebel.

- Schlusslied: Ins Wasser fällt ein Stein (BEL 648)[6] oder O Haupt voll Blut und Wunden (EG 85,7.9-10)

- Segen

- Musik zum Ausgang

[6] Regionalteil der EG-Ausgabe Baden/Elsass/Lothringen.

4.2 Aus dem Samenkorn erwacht neues Leben

Leitgedanke: Jesus spricht: Wenn das Weizenkorn nicht in die Erde fällt und erstirbt, bleibt es allein; wenn es aber erstirbt, bringt es viel Frucht (Johannes 12,24).

Material: Samenkörner: sehr gut geeignet sind Weizen- oder Senfkörner, die schnell aufgehen. Schön sind aber auch Sonnenblumenkerne, die allerdings mehr Geduld erfordern.
Eine Schale mit bereits aufgegangenem Weizen; für jedes Kind einen kleinen Topf, Erde, alte Zeitungen zum Auslege; ein Eimer Wasser zum Händewaschen, Handtücher.

- Musik zum Eingang

- Gebet

In Gottes Namen sind wir hier,
wir singen, spielen und sprechen mit dir.
Wir bitten dich um deinen Segen.
Behüte uns auf unseren Wegen.
Amen

- Erzählvorschlag

Ich habe euch heute ein Samenkorn mitgebracht. Jede und jeder kann eines in die Hand nehmen. Das Samenkorn ist ganz klein. Es scheint tot zu sein. Aber ich habe mein Samenkorn in die Erde gelegt, und es jeden Tag gegossen. Seht nur, was daraus geworden ist.

Sie/Er zeigt aufgegangenen Samen.
Am Anfang war nur ein kleiner Halm. Aber der ist gewachsen und immer größer geworden.
Wir spielen jetzt alle zusammen nach, wie es dem Samenkorn ergangen ist.

Die Kinder selbst spielen Samenkörner. Dies kann vorher geübt werden, aber auch spontan geschehen. Dann ist es gut, wenn ein Erwachsener zwischen ihnen sitzt, der ihnen zeigt, wie sie sich als Samenkörner bewegen können.

Vor dem Winter werden die Samenkörner in die Erde gelegt.
Die Kinder liegen auf Decken auf der Erde.

Dort schlafen sie.
Kinder liegen in Embryonalhaltung.
Draußen ziehen die Herbststürme über das Land. Es wird kalt. Es schneit, und die Erde wird mit Schnee bedeckt. So liegen die Samenkörner lange Zeit in der Erde und schlafen. Sie müssen lange warten. Viele Tage und Wochen sind ins Land gezogen. Da wird die Erde allmählich wärmer. Die Samenkörner wachen in der Erde auf. Sie bewegen sich ein bisschen, in die eine und dann in die andere Richtung.
Die Kinder bewegen sich mit sparsamen Bewegungen hin und her.

Sie räkeln sich. Sie strecken sich. Sie tasten sich der Wärme entgegen. Sie ahnen: Da oben ist Sonne und Licht. Ganz langsam wachsen sie nach oben.
Die Kinder setzen sich auf die Knie, aber noch geduckt.

Aber sie sind noch immer in der Erde. Dann strecken sie den Kopf ganz weit nach oben.
Die Kinder „wachsen" nach oben; sind aber immer noch auf den Knien.

Die Samenkörner durchbrechen die Erde und kommen ans Licht des Tages. Sie wachsen nun jeden Tag ein Stückchen mehr.
Die Kinder wachsen ganz langsam weiter nach oben, bis sie auf den Füßen stehen.

Sie strecken sich der Sonne entgegen …
Die Kinder strecken die Hände nach oben.

… und öffnen sich der Sonne.
Die Hände werden ausgebreitet.

Der Halm, der früher ein Samenkorn war, schaukelt im Wind leise hin und her. Wie schön ist es, den Wind zu spüren. Wie schön ist es, sich von der Sonne wärmen zu lassen. Aus dem Samenkorn ist eine Blume geworden oder ein kleiner Baum oder ein Grashalm.

Jesus hat auch einmal gesagt: Ich bin wie ein Samenkorn. Das Samenkorn muss lange in der Erde liegen. Es ist wie tot. Aber dadurch kann es wachsen, und neues Leben kann aus ihm entstehen. Mit Jesus war es genauso. Jesus musste sterben. Aber aus seinem Tod ist Leben geworden, nicht nur für ihn selbst, sondern für alle Menschen.

- Lieder: Korn, das in die Erde, in den Tod versinkt (EG 98) und Kleines Senfkorn Hoffnung (Text: Alois Albrecht; Musik: Ludger Edelkötter)

Aktion: Die Kinder pflanzen in vorbereitete Töpfe Samenkörner ein.

- Segen:

Gott lasse dich wachsen wie ein Samenkorn.
Die Sonne soll über deinem Weg scheinen
und deine Tage hell machen.
Du sollst immer genug Liebe haben,
damit du nicht vertrocknest.
Du sollst den Wind auf dem Gesicht spüren,
und Gott selbst sei dir Sonne und Licht.
Amen

- Musik zum Ausgang

5. Judika: Wüstenwege

- Musik zum Eingang

- Eingangslied: Das Kreuz ist aufgerichtet (EG 94)

- Votum – Liturgischer Gruß

- Begrüßung

Weit ist die Passionszeit vorangeschritten. Nur eine kleine Wegstrecke trennt uns noch von Jerusalem und vom Hügel Golgatha.

In der Passionszeit werden wir immer wieder in die Wüste geführt: mit Jesus, für den die Wüste ein Ort der Stille und des Rückzugs, aber auch der Versuchung war. Wir wandern mit dem Volk Gottes, das die Wüste durchschreiten musste, bevor es ins Gelobte Land kam. Der Weg durch die Wüste ist schwer, aber Gottes Volk erlebt auch Bewahrung und Gottes Schutz. Bevor ein Neuanfang möglich ist, ist Zeit der Wüste. Bevor neues Leben erwacht und Ostern wird, ist Zeit des Dunkels und der Kargheit, die ausgehalten werden muss. Heute gehen wir ein Stück durch die Wüste – aber wir wissen: Wir gehen Ostern entgegen.

- Psalmgebet nach Psalm 43 mit Antiphon „Sende dein Licht und deine Wahrheit" (EG 172)

Du, Gott, bist der Gott meiner Stärke:
Warum hast du mich verstoßen?
  Fern bist du mir in den Zeiten der Not,
  auf den Wüstenwegen meines Lebens,
  wenn es stumm wird in mir
  und ich keine Worte mehr zu beten finde.

Antiphon

Warum muss ich so traurig gehen,
wenn mein Feind mich bedrängt?
  Wenn ich dazukomme, verstummen die anderen.
  Wie eine tödliche Waffe ist ihr Gerede und Getratsche,

die Blicke, die mich geringschätzen und verurteilen,
sind wie Messerstiche.
Gott, sei du selbst der, der sich schützend vor mich stellt.

Antiphon

Was betrübst du dich, meine Seele,
und bist so unruhig in mir?
Ich erinnere mich daran, ich erinnere mein Herz,
das so verwundet ist und so verzagt:
Gott ist noch immer meine Hilfe.
Auf dich, Gott, warte ich,
und Schutz suche ich in deiner Nähe,
denn du wirst mich nicht im Stich lassen.

Antiphon

- Eingangsgebet

Guter Gott,
bleib bei mir,
wenn mein Weg durch die Wüste geht,
wenn die Landschaft am Wegsaum
karg wird und abweisend.
Wenn jeder Schritt schwer wird,
der Hunger nach Lebensbrot groß ist,
der Durst nach Leben mich quält,
dann bleib du bei mir.
Du hast den Weg gezeigt,
eine Wolke am Tag,
eine Feuersäule in der Nacht,
zeig auch mir den Weg,
zeig mir die Wasserquellen,
die versteckten Oasen,
die Bäume, die Schatten spenden,
bleib bei mir,
wenn der Weg mich durch die Wüste führt.

- Kyrieruf – Gnadenzuspruch

- Bittlied: Gib Frieden, Herr, gib Frieden (EG 430,2-3) oder O Haupt voll Blut und Wunden (EG 85,5)

- Tagesgebet

Du bist neue Kraft in meiner Not,
auf Wüstenwegen bist du Brunnen und Quelle,
in dunkler Nacht bist du der Schimmer des Morgens am Horizont,
Wolkensäule, Feuerzeichen.
Du, mein Gott, bist neue Kraft in meiner Not.

- Lesung: 4. Mose 21,4-9

- Glaubensbekenntnis

Ich glaube an Gott.
Gott schuf den Menschen als ein Du für sich selbst
und pflanzte einen Garten für Adam und Eva und die Menschenkinder.
Er band seinen Weg an der Menschen Weg,
Wolkenzeichen und Feuersäule war er ihnen in der Wüste.
Ihr Leid machte er zu seinem Leid.
Ihren Tod zu seinem Tod.
An diesen Gott glaube ich.

Ich glaube an Jesus Christus,
der Niedergedrückte aufrichtete
und die Trauernden selig nannte.
Träumern verhieß er eine neue Welt.
Er kam in unsere Not, damit wir frei werden.
Er starb unseren Tod, damit wir leben können.
An diesen Jesus glaube ich.

Ich glaube an den Heiligen Geist,
der Menschen über Grenzen und Unterschiede hinweg
in die Nachfolge Jesu ruft,
der den Trauernden Trost ist
und den Sanftmütigen die Erde anvertraut.

Er ruft uns neu ins Leben, jetzt und hier,
in ein Leben mit Kraft, mit Liebe und mit Zuversicht.
An diesen guten Geist Gottes glaube ich.

- Hauptlied: Es mag sein, dass alles fällt (EG 378) oder O Mensch, bewein dein Sünde groß (EG 76)

- Predigt zum 4. Buch Mose 21,4-9

Wenn ich diese Geschichte höre, dann steigen Bilder in mir auf. Bilder von der Wüste. Ich sehe eine weite, karge Landschaft. Am Tage brennt die Sonne vom Himmel und dörrt alles aus. In der Nacht wird es bitterkalt. Die Einsamkeit ist groß. Nur wer erfahren ist und gut ausgerüstet, kann hier überleben.

Die Wüste ist mehr als eine Landschaft. Für viele ist sie auch ein Bild. „Ich bin in die Wüste geschickt worden." – Enttäuschung, Verletzung, Demütigung stehen hinter diesen Worten. Wüstenzeiten sind Zeiten im Leben, in denen nichts mehr selbstverständlich ist. Wüstenwege sind schwere Wege, die mich auf mich selbst zurückwerfen.

Nachdem Mose die Israeliten aus Ägypten geführt hat, leben sie viele Jahre in der Wüste. Sie lernen, mit der Wüste zu leben. Auch die Geschichte aus dem 4. Buch Mose spiegelt diese Erfahrungen wider. Sie gibt drei Hinweise, wie man in der Wüste überlebt, drei Überlebensstrategien.

Die erste Überlebensstrategie ist: nicht immer auf die Vergangenheit starren. Wenn es schwer wird, dann bekommt die Vergangenheit einen goldenen Glanz. In Ägypten war es ja doch nicht so schlecht. Immerhin gab es zu essen. Besseres Essen. Bessere Wohnungen – und nicht nur Zelte. Die Vergangenheit loszulassen fällt schwer. Den Satz: „Ich bin in die Wüste geschickt worden", habe ich einmal aus dem Mund einer Frau gehört. Ihre Ehe war zerbrochen. Die Frau war voller Zorn. Als sie noch verheiratet war, war alles leichter. Doch dann ein Scherbenhaufen. Trauer. Verletzung. Zorn. Es hat lange gedauert, bis sie wieder Kraft hatte, neue Schritte ins Leben zu wagen. Den Mann gehen zu lassen und damit auch die Vergangenheit. Allmählich stellte sie fest, dass es andere Menschen gab, die ihre Nähe und Freundschaft schätzten und ihre Zuwendung brauchten. Ein langer Weg durch die Wüste. Sicher hat sie einen Teil Wüste mitgenommen in ihr neues Leben. Aber sie hat den

Mut gefunden, von der Vergangenheit weg auf die Gegenwart zu sehen und zuzulassen, dass dort Zukunft wächst.

Da ist noch etwas in der Geschichte: Es ist leichter, in der Wüste zu überleben, wenn ich darüber reden kann, dass ich mich gerade verlaufe. Hört sich einfach an. Den Israeliten ist es offenbar aber schwergefallen, zu Mose zu gehen und zu sagen: „Wir haben einen Fehler gemacht. Was wir jetzt an Unheil erleben, hat mit diesem Fehler zu tun." Hört sich leicht an. Ist aber schwer. Es ist so leicht darauf reinzufallen, das Leben wäre nur ein gutes Leben, wenn alles gelingt und glattgeht. Wenn ich keine Fehler zugeben muss, weil es ohnehin undenkbar ist, dass ich welche mache oder hätte. Wenn wir jetzt durch die Passionszeit gehen, erleben wir eine andere Geschichte mit: die Geschichte eines Gescheiterten. Mit ihm scheitern noch andere, die lügen aus Angst oder Berechnung, verraten und verleumden. Selbst Gott wird fremd und fern. Die Geschichten der Bibel sind ehrliche Geschichten. Diese Ehrlichkeit ist entlastend und entwaffnend. Sie zeigen, dass Scheitern zum Leben gehört und es menschlich ist, Fehler zu machen. Sie zeigen, dass manchmal gerade aus dem Scheitern und den Fehlern Neues entstehen kann. Sogar wenn ein Fehler einfach nur ein Fehler ist: es ist mein Fehler. Er gehört zu meinem Leben. Es ist entlastend, wenn wir fehlerfreundlicher werden und nicht immer den Kurs der Vermeidung fahren. Wenn ich mich auch verlaufe, ich tue es unter Gottes liebevollem Angesicht. Liebevoll sieht er auch auf meine Umwege und Irrwege. Er erzählt die Geschichten meines Lebens weiter zu einem guten Ende.

Wie kann ich noch in der Wüste überleben? Befremdlich ist, was Mose tut, als er eine Schlange an einen hohen Pfahl heftet. Aber es ist eine Überlebensstrategie, den Blick nach oben zu wenden. In ihrer Angst können die Israeliten ihren Blick nach oben richten. Sie schauen weg von der Gefahr zu Gottes Hilfe. Ich schaue weg von dem, was mich bedroht, hin zu Gott. Ich schaue hin zu Jesus, von dem die Bibel sagt, dass er erhöht wurde, damit die, die an ihn glauben, das ewige Leben haben.

Ich schaue nicht mehr nur auf das, was mich lähmt und die Schritte schwer macht. Ich schaue auf Gott, der mir hilft. Die Wüste wird ein Ort, an dem ich Gott begegnen kann. Vielleicht wird er mir sehr fremd erscheinen. Ein Gott, mit dem ich ringe. Der mich herausfordert. Der mich aber auch nicht allein lässt. Dann erfahre ich, dass ich nicht allein bin auf meinem Weg durch die Wüste, sondern dass ich einen Begleiter an meiner Seite haben. Jesus, der selbst die Not und das Leid durchwandert hat. Der, selbst wenn der Glaube in mir Risse bekommt und zerbricht, stellvertretend für mich glaubt und für mich eintritt, so wie Mose für das Volk eintritt.

Dann kann die Wüste ein Ort werden, an dem ich wachse und nicht zerschelle. Ich werde zweifeln und trauern, aber ich werde nicht verzweifeln. Denn auch diese Zeit ist eine Zeit Gottes mit mir. Auch der Weg durch die Wüste ist ein Weg, auf dem Gott bei mir bleibt.

- Predigtlied: Wir haben Gottes Spuren festgestellt (Text: Michael Scouarnec, Musik: Jo Akepsimas)

- Fürbitten mit der 1. Strophe von Bewahre uns, Gott (EG 171) als Gebetsruf

Gott, Schöpfer unserer Welt,
wir bitten dich für die Erde,
wo sie zur Wüste wird,
weil die Dürre sich ausbreitet, der Boden vergiftet ist
oder Kriege und Gewalt ganze Landstriche verwüsten.
Du kannst blühende Gärten inmitten der Wüste schaffen,
darum bitten wir dich:
Dass Wasser gerecht verteilt und nicht zum Gegenstand von Profit und Krieg wird.
Dass Menschen umkehren und den Frieden suchen.
Dass wir das tun, was wir tun können,
damit Frieden und Gerechtigkeit wachsen.
Wir bitten dich:

Bewahre uns, Gott …

Jesus Christus,
du hast die Wüste ausgehalten, ihre Leere, die Einsamkeit, Hunger und Durst,

du hast unser Leid zu deinem Leid gemacht und
bleibst an unserer Seite, wenn wir durch die Wüste gehen.
Wir bitten dich für Menschen auf Wüstenwegen,
für Kinder, dass sie das bekommen, was sie brauchen
an Wärme, Liebe, Essen, Wasser, Medizin, Bildung,
für Jugendliche, denen es schwer fällt, einen guten Weg für sich zu finden,
für Menschen, die nach Sinn dürsten und hungrig sind nach Gemeinschaft und Liebe,
für alle, deren Welt zerbrochen ist und nicht mehr so sein wird, wie sie war,
die Trauer, Enttäuschung und Krankheit in die Wüste geführt hat.
Lass sie auf ihren Wüstenwegen Quellen finden, Orte, an denen sie ausruhen und neue Kraft schöpfen können.
Wir bitten dich:

Bewahre uns, Gott …

Geist des Lebens,
du schaffst neues Leben aus dem Nichts,
auch heute wollen Menschen aufbrechen,
sie lassen sich nicht aufhalten von den Fleischtöpfen Ägyptens,
lieber ziehen sie durch die Wüste, um neues Land zu erreichen,
für diese Menschen bitten wir.
Gib ihnen und gib uns das, was nötig ist auf dem Weg
an Brot und an Kraft, an Liebe und Mut.
Wir bitten dich:

Bewahre uns, Gott …

Du hast als Mensch unter Menschen gelebt und ihren Weg geteilt. Im Vertrauen, dass jeder Weg, den wir gehen, ein Weg mit dir ist, beten wir:

- Vaterunser

- Segenslied: Bewahre uns, Gott (EG 171,2-4)

- Segen

Gott gebe dir seinen Segen
auf den guten Wegen durch freundliche Landschaften
und für die Wüstenwege.
Er bleibe bei dir in schwerer Zeit.
Gott lasse dich Orte zum Ausruhen finden,
Quellen, aus denen du schöpfen kannst,
und Menschen, die an deiner Seite bleiben.

- Musik zum Ausgang

6. Palmsonntag: Hörst du, wie sie rufen?

- Musik zum Eingang

- Eingangslied: O Christe, Morgensterne (EG 158) oder Du hast uns, Herr, gerufen (EG 168,1-3) oder Du schöner Lebensbaum (EG 96)

- Votum – Liturgischer Gruß

- Begrüßung

- Psalm 69 im Wechsel (Liturg/in – Gemeinde)

- Eingangsgebet

Gott, du kommst zu uns.
Du kommst zu uns im Angesicht Jesu Christi.
Du kommst zu uns als der sanftmütige König, der Frieden bringen will.
Du kommst zu uns als ein Gott voller Schmerz,
der unsere Dunkelheit auf sich nimmt.
Du kommst zu uns als ein Mensch voll Einsamkeit,
der missverstanden und verraten wird,
damit unsere Einsamkeit geheilt wird.
Ja, Herr, komm zu uns, damit deine Sanftmut uns verändert,
damit dein Friede uns berührt,
damit dein Leben stärker ist als unser Tod.

- Kyrieruf – Gnadenzusage

- Bittlied: Jesus ist kommen (EG 66,5)

- Tagesgebet

Herr, ich stehe auf der Schwelle zu dieser besonderen Woche,
will diesen Weg gehen mit dir.
In mir ist viel Lärm von der Unruhe meines Lebens.
Unter mir ist kein Boden mehr, der mich trägt.

Hinter mir liegt manches Versagen, das mich bedrückt.
Vor mir liegt die Zeit deines Leidens und Sterbens.
Ich bitte dich: Lass deinen Segen über mir sein.

- Lesung: Matthäus 21,1-11 im Wechsel mit den Strophen des Liedes: Jesus zieht in Jerusalem ein (EG 314)

EG 314,1 — Mt 21,1-3
EG 314,2 — Mt 21,4-7
EG 314,3 — Mt 21,8
EG 314,4 — Mt 21,9
EG 314,5 — Mt 21,10f.
EG 314,6

- Glaubensbekenntnis

- Hauptlied: Dein König kommt in niedern Hüllen (EG 14,1-4) oder Wochenlied: O Mensch, bewein dein Sünde groß (EG 76)

- Dialogpredigt

2 Frauen mit Palmzweigen in der Hand

Miriam:
Hörst du, wie sie rufen?

Lea:
Ja. Ich bin ja nicht taub. Sie rufen: Hosianna dem Sohn Davids! Gesegnet sei, der da kommt im Namen des Herrn. Hosianna in der Höhe.

Miriam:
Ist das nicht wundervoll? Ich verstehe gar nicht, warum du so ein mürrisches Gesicht machst, Lea. Du stehst hier, als ginge dich das gar nichts an. Freust du dich nicht auch, dass er es endlich geschafft hat?

Lea:
Was geschafft hat?

Miriam:
Na, dass Jesus jetzt wie ein König in Jerusalem einzieht. Jetzt haben alle begriffen, dass Gott ihn zu uns gesandt hat. Sie begrüßen ihn als den Retter, auf den unser Volk schon so lange gewartet hat.

Lea:
Ja, viele warten auf den Retter. Und viele haben erkannt, dass Gott uns Jesus geschickt hat.

Miriam:
Aber bisher hat Jesus das nicht gelten lassen. Er hat es immer abgelehnt, wenn sie ihn zum König ausrufen wollten. Wenn jemand gesagt hat: Du bist der Messias! – dann hat er immer gesagt: Schweige darüber! Erzähle das niemandem weiter!

Lea:
Das war auch sehr vernünftig von ihm. Sonst hätten ihn die Mächtigen schon viel eher geschnappt. Jetzt läuft er mitten in die Falle.

Miriam:
Lea, du machst mir Angst.

Lea:
Glaubst du, das werden sie dulden? Dass da ein kleiner Wanderprediger kommt, der von dem neuen Reich Gottes predigt? Die Römer werden denken, dass er ein Aufrührer ist, der zur Rebellion ruft. Gerade erst ist der Präfekt mit seinen Soldaten von Westen her in die Stadt gezogen. Ihn hat das Volk nicht so bejubelt. Jetzt zieht Jesus von Osten in die Stadt ein und alle rennen ihm nach. Glaubst du, das gefällt den Römern? Sie halten ihn für einen Aufrührer. Und die aus unserem Volk, die ihn los werden wollen, die werden alles tun, um die Römer zu überzeugen, dass sie Recht haben.

Miriam:
Aber hörst du denn nicht? Sie jubeln ihm zu. Sie ziehen ihre Mäntel aus und legen sie vor ihm auf die Straße. Sie reißen die Palmwedel ab, um ihm den Weg eben zu machen. Sie stehen auf der Seite Jesu. Niemand

mehr wird das aufhalten. In ein paar Tagen ist Pessachfest. Vielleicht sind die Römer dann schon zum Teufel gejagt und Jesus sitzt auf dem Thron. Auf dem Thron Davids sitzt wieder ein König – der Sohn Davids, der mächtige Held, der das Reich wieder aufrichtet.

Lea:
Und woher willst du wissen, dass er das überhaupt will – König werden?

Miriam:
Du bist gut – wie kannst du nur fragen? Glaubst du, er würde sonst im Triumphzug nach Jerusalem hineinreiten – noch dazu auf einem Esel, damit auch der letzte Toraschüler noch kapiert: Menschenskind, das ist ja genau so, wie die Propheten es vorausgesagt haben; das tut er, damit die Schrift erfüllt wird.

Lea:
Das heißt aber noch lange nicht, dass er sich als ein solcher Messias sieht, wie die Leute ihn gern haben wollen.

Miriam:
Aber sie jubeln ihm zu. Die Leute stehen hinter ihm.

Lea:
Ja, Miriam, sie jubeln ihm zu. Heute. Aber wenn sie ihn verhaften, meinst du, dass sie ihm dann auch noch zujubeln? Dazu hat jeder doch viel zu große Angst, dass er der nächste ist. Die hören doch gar nicht hin, was er sagt. Er hat gesagt: Das Reich des Messias ist nicht so, wie ihr euch das vorstellt; der Messias muss leiden, der Messias wird verachtet und verhöhnt werden. Das hat er gesagt. Es ist nur ein paar Tage her. Du hast selbst dabeigestanden. Du hast es selbst gehört.

Miriam:
Lea, ich habe Angst. Was wird jetzt geschehen? Wenn es so ist, wie du sagst, und Jesus wirklich in sein Verderben rennt, sollten wir Jesus nicht warnen?

Lea:
Ich glaube, er weiß es. Er weiß, was auf ihn wartet. Er hat es oft genug selbst gesagt: dass sein Weg im Leiden enden wird. Aber das will ja niemand hören. Ich bin ganz sicher: Jesus wird lieber sterben, als seine Botschaft zurückzunehmen. Er hat so vielen Menschen geholfen und ihnen Mut gemacht mit dem, was er gesagt und getan hat. Dazu steht er doch mit aller Konsequenz. Er würde lieber sterben, als diesen Menschen wieder ihre Hoffnungen zu nehmen und den Glauben, dass Gott es doch gut mit ihnen meint und zu ihnen hält. Wenn er plötzlich sagen würde: „So war's ja gar nicht gemeint" – dann wäre sein Weg doch ganz vergeblich gewesen.

Miriam:
Aber wenn es wirklich so weit käme, und sie verhaften ihn und er ruft nicht zum Kampf – was wird denn dann aus dem Reich, von dem er gesprochen hat – dem Reich des Friedens? War das dann nur ein schöner Traum?

Lea:
Nein, Miriam, kein Traum. Sein Reich wird kommen. Es hat doch längst schon begonnen in den Herzen der Menschen, die Jesus begegnet sind. Sein Reich wächst und niemand kann es aufhalten.

- Predigtlied: Jesus ist kommen (EG 66,6-9)

- Fürbitten

In unsere Welt der Gewalt komme dein Geist des Friedens,
in unsere Welt der Lügen komme dein Geist der Wahrheit,
in unsere Welt der Gleichgültigkeit komme dein Geist der Liebe,
in unsere Welt des Streits komme dein Geist der Versöhnung,
in unsere Verzweiflung komme dein Geist des Trostes,
in unsere Angst komme dein Geist der Hoffnung,
in unsere Mutlosigkeit komme dein Geist neuen Mutes,
in unsere Dunkelheit komme dein Geist voller Licht.
Komm zu uns, Geist des Lebens, wenn wir beten:

- Vaterunser

- Schlusslied: Herzliebster Jesu (EG 81,6-11) oder Du hast uns, Herr, gerufen (EG 168,4-6)

- Segen

Gott gebe dir seinen Segen und sende dir seinen Geist,
Geist neuer Kraft,
Geist neuen Mutes,
Geist der Versöhnung,
Geist des Trostes,
Geist voller Licht.

- Musik zum Ausgang

II. Passionsandachten und Gottesdienste in der Karwoche

1. Montag: „Wut"

Jesus Christus spricht: Euer Herz erschrecke nicht und fürchte sich nicht. (Joh 14,27b)

- Abendgebet

Eine/r:
Der Tag ist vergangen,
der Abend ist herbeigekommen.

Alle:
Lasst uns stille werden und ihn suchen,
den Herrn des Tages und der Nacht.

Eine/r:
Dein ist das Licht des Tages,
dein ist das Dunkel der Nacht.

Alle:
In der Stille suchen wir nach dir.
Breite die Decke deines Friedens über uns.
Füll unsere Träume mit Bildern der Hoffnung.

Eine/r:
Der Tag ist vergangen,
der Abend ist herbeigekommen.

Alle:
Dein Frieden fülle die ganze Welt,
dein Licht leuchte den Weinenden,

dein Engel behüte die Rastlosen,
deine Hand berge die Kranken.

Eine/r:
Birg uns im Schatten deiner Flügel;
denn du bist unser Hüter und Retter.

- Liedruf: Im Dunkel unsrer Nacht entzünde das Feuer (aus Taizé, Musik: Jacques Berthier)

- Lesung: Johannes 2,13-22

- Stille

- Liedruf

- Meditation: Wut

Wut verbinde ich nicht so leicht mit Jesus. Aber auch dieses Gefühl gehört zu seinem Weg, zum Weg nach Jerusalem und ans Kreuz.
Wut. Etwas wird nicht geachtet, das ihm heilig ist.
Wut darüber, dass Geld beherrschend wird in einem Bereich, wo ganz anderes zählen sollte.
Wut über die Benachteiligung der Armen: nur wenn du dir etwas leisten kannst, bist du gern gesehen, sogar im Tempel.
Wut, weil das Wesentliche zugedeckt wird.

Wut – Jesus erlaubt sich, wütend zu sein.
Wann war ich das letzte Mal richtig wütend?
Wann habe ich sie mir erlaubt, meine Wut?
Gibt es eine Wut in mir, die immer wiederkommt,
die sich mit einem bestimmten Menschen verbindet,
eine Wut, die manchmal abklingt, aber auch hartnäckig wiederkehrt?
Wut über ein Unrecht, das mir oder anderen zugefügt wurde.
Wut, weil jemand meine Gefühle verletzt oder missachtet hat, was ich brauche.
Wut, weil jemand mich über den Tisch gezogen hat oder einfach über mich hinweggegangen ist. Mich nicht gesehen hat.

Jesus zeigt mir: es ist gut, dass es die Wut gibt.
Es ist gut, dass ich mich empören kann und mir nicht alles gleichgültig ist.
Wut ist eine Schwester der Gerechtigkeit.
Es ist gut, wenn ich Grenzen setze. Wut ist eine Grenze.
Das Beispiel Jesu zeigt, dass die Wut heraus darf.
Jesus ruft uns zur Versöhnung, wo dies möglich ist. Auch die Wut kann und darf ihre Grenze finden: Ich bin wütend über das, was du tust. Aber ich sehe dich noch als einen Menschen, der mehr ist als die Tat, die mich wütend macht.
Meine Wut darf heraus: in Worten, in einem Brief, das Schweigen brechen. Ich kann sie in einen Stein legen und weit wegwerfen. Oder im See versenken. Die Wut darf in ein Bild mit grellen Farben.

- Stille

Ich lege meine Wut in meine Fäuste. Ich balle sie ganz fest. Dann lasse ich langsam wieder los.

- Liedruf

- Gebet

Herr, wie loderndes Feuer ist meine Wut,
brennend, verletzend, aber auch reinigend.
Verwandle das Feuer in mir in Kraft, die verändert,
die schützende Grenzen setzt
und dem Unrecht und der Gleichgültigkeit widersteht.
Verwandle das Feuer meiner Wut in Kraft zum Leben.
Amen

- Segensgebet nach Psalm 121

Ich blicke hinauf zu den Bergen,
denn von dort erwarte ich Hilfe.
Meine Hilfe kommt von dem Herrn,
der Himmel und Erde gemacht hat.
Höre: Der Herr wird nicht müde
und schläft nicht ein.

Er sorgt auch für dich.
Der Herr ist bei dir,
seine Hand hält er über dich,
damit dich die Hitze der Sonne nicht sticht
und der Mond dich nicht krank macht
in der Nacht.
Wohin du auch gehst: Gott ist bei dir.
Vom Anfang bis zum Ende,
heute und an allen Tagen.
Amen

2. Dienstag: „Verrat"

Jesus Christus spricht: Ich bin in die Welt gekommen als ein Licht, damit, wer an mich glaubt, nicht in der Finsternis bleibe. (Joh 12,46)

- Psalmgebet nach Psalm 121

- Liedruf: Im Dunkel unsrer Nacht entzünde das Feuer (aus Taizé, Musik: Jacques Berthier)

- Lesung: Lukas 22,1-6.47-54a

- Stille

- Meditation: Verrat

Ich kenne den Verrat:
Wegsehen, wenn einer ans Messer geliefert wird,
stumm dabeistehen, wenn eine Schutz braucht,
mich in der Masse verstecken, wenn Widerspruch Not tut,
einschlafen, wenn eine mit ihrer Angst ringt,
schweigen, wo es gilt, mich zu einem Menschen oder einer Sache zu bekennen,
weglaufen, statt zu bleiben.
Angeschlichen kommt er, der Verrat,
ganz leise, so harmlos.
Schwer zu erkennen,
wenn einer schlecht gemacht wird,
wenn über eine geklatscht wird,
wenn Gerüchte die Runde machen
und das Urteil ganz schnell fällt.

Ich kenne die Nacht des Verrates,
der zurückgegebene Ring,
die aufgekündigte Freundschaft,
die vergessene Zusage,
der Kuss ohne Zärtlichkeit.
„Ich kenne dich nicht mehr".

Die Enttäuschung,
der Betrug,
das Schuldigbleiben von Wahrheit,
die Notwendigkeit, weil Wege sich trennen.
Ich kenne sie, die Nacht des Verrats.

- Stille

- Liedruf

Herr,
ich will bei dir bleiben,
hier in der Nacht,
hier im Garten,
will ich an deiner Seite bleiben.
Hilf mir, nicht wegzurennen,
nicht zu schweigen,
Farbe zu bekennen,
nicht preiszugeben,
was mir wertvoll ist,
einstehen für einen anderen,
Worte suchen, auch wenn sie stammeln.
Ich will mich nicht verhärten.
Ich will mich nicht verschließen
der Angst und der Ohnmacht,
will mich berühren lassen von deinem Dunkel.

Wir schreiben auf, wo wir verraten haben – einen Menschen, eine Sache, einen Wert.
Wir legen es am Kreuz ab.
Gott verzeiht mir.
Dann kann ich mir auch verzeihen.

- Liedruf

Währenddessen werden die Zettel am Kreuz niedergelegt.

- Segensgebet

Gütiger Gott,
du willst mich segnen, damit ich ein Segen bin.
Aber oft gebe ich nicht acht
auf die Menschen, denen ich begegne.
Ich sehe ihre Traurigkeit nicht,
ich sehe ihre Fragen nicht,
ich sehe nicht, dass wir einander helfen könnten.
Oft gebe ich nicht acht,
auch nicht auf mich.
Ich verlange zu viel von mir
und gehe nicht gut mit mir um.
Gott, ich will auf mich achten,
ich will auf die anderen achten,
ich will auf diese Erde achten
und damit will ich dich achten
und das Leben lieben und loben.
Amen

3. Mittwoch: „Angst"

Jesus Christus spricht: In der Welt habt ihr Angst; aber seid getrost, ich habe die Welt überwunden. (Joh 16,33b)

- Psalmgebet

- Liedruf: Bleibet hier und wachet mit mir (aus Taizé; Musik: Jacques Berthier)

- Lesung: Lukas 22,39-46

- Meditation: Angst

Ganz als Mensch sehen wir Jesus hier.
Er hat Angst. Er sucht einen Ort, an dem er mit dieser Angst ringen kann.
Er sucht Hilfe und Gemeinschaft bei den Jüngern, die so lange mit ihm gegangen sind.
Aber die Jünger schlafen ein.
Jesus bleibt allein mit seiner Angst.
Wie nahe kommt er uns da.
Einer, der solche Angst ausgestanden hat, der wird auch die kleinen und großen Ängste unseres Lebens verstehen.
Verstehen und auch teilen.
Jesus bleibt allein mit seiner Angst, damit wir nicht allein bleiben mit unserer Angst.

Wenn wir uns einen Moment der Stille nehmen, können wir unserer Angst nachspüren.
Sie kann so viele Gesichter haben.
Angst um das Wohl der Menschen, die ich lieb habe – vielleicht, weil ich schon einmal erlebt habe, wie zerbrechlich Leben ist?
Angst, den Herausforderungen und Aufgaben meines Lebens nicht gewachsen zu sein.
Angst, weil mich etwas bedroht: eine beängstigende Diagnose, ein Verlust, eine Veränderung.
Angst vor der Zukunft.

Angst vor einer bestimmten Situationen, die ich in meinem beruflichen oder privaten Alltag bewältigen muss.

- Stille

Die Angst ist eine gute Wegbegleiterin. Sie setzt uns Grenzen, wo wir selbst uns überfordern. Sie sagt uns: Bis hierher und nicht weiter. Sie zeigt uns, was wir schützen und bewahren wollen in unserem Leben, was uns so lieb ist, dass wir es nicht verlieren wollen.
Aber die Angst kann auch zu mächtig werden, wenn sie uns am Leben hindert und unsere Möglichkeiten begrenzt.
Die Bibel setzt sich unserer Angst entgegen. Keinen Zuspruch hören wir dort so oft wie den einen: Fürchte dich nicht!
Jesus sagt einmal: Könnt ihr eurem Leben eine Spanne Zeit zufügen, dadurch, dass ihr euch sorgt?
Angst und Sorge sind Schwestern. Die Sorge soll mich nicht beherrschen, die Angst soll mich nicht beherrschen. Meine Angst kann nicht verändern, was kommen wird. Aber sie kann meinen Tag heute vergiften. Darum soll sie mich nicht bestimmen. Ich will jeden Tag neu das Vertrauen einüben, dass ich bekomme, was ich brauche, und dass ich jeden Tag aus Gottes Hand nehmen kann.

Psychotherapeuten raten, der Angst eine Grenze zu setzen. Dazu gibt es verschiedene Methoden. Eine ist die So-tun-als-ob-Methode. Wenn eine Situation mir Angst macht, tue ich so, als hätte ich keine. Ich stehe aufrecht, gut geerdet, fest auf beiden Füßen. Ich straffe meine Schultern. Ich hebe den Blick. Ich spreche klar und fest. Oder ich tanze durch die Wohnung, mache große und weite Bewegungen. Ich zeige der Angst, dass sie mich nicht beherrscht.
Eine andere Methode ist die Begrenzung. Wenn ich Kummer und Angst habe, dann gebe ich Kummer und Angst Raum und Zeit. Aber ich begrenze den Raum und die Zeit. Ich gebe eine halbe Stunde, in der ich weine und klage und meine Ängste rauslasse. Aber dann ist es gut. Ich tue etwas, das mir gut tut. Die Angst hat ihr Recht, aber sie hat auch ihre Grenze.
Dabei wird mir klar: Ich bin nicht allein in meiner Nacht, nicht wie Jesus.

Ich bin nicht allein, wenn ich schlaflos bleibe, weil die Gedanken nicht schweigen wollen.
Ich bin nicht allein, wenn meine Nacht voll Angst ist.
Jesus ist in ihr, ist bei mir. Das hilft gegen die Angst.
Wenn Gott mir sagt: Du musst dich nicht fürchten. Das hilft gegen die Angst.

- Liedruf

Jeder Teilnehmer bekommt währenddessen ein biblisches Wort gegen die Angst ausgeteilt.

- Segensgebet

Herr, komm du in meine Angst,
schicke einen Engel in meine Angst,
dass sie mich nicht beherrscht
und nicht überwältigt,
dass sie nicht mein ganzes Tun bestimmt,
sondern dass ich in ihr gestärkt werde
für den Weg, der vor mir liegt.
Lass mich dich finden in meiner Nacht,
deine Hand,
deinen Schutz,
deine Kraft.
Amen

4. Gründonnerstag: Der Abend ist herbeigekommen

- Musik zum Eingang

- Begrüßung

An diesem Abend erinnern wir uns an eine besondere Nacht: die Nacht, in der Jesus verraten und verhaftet wurde. In dieser Nacht war er im Garten Gethsemane und bat Gott um Hilfe, weil er große Angst hatte. In dieser Nacht haben seine Freunde ihn im Stich gelassen, weil sie Angst bekamen.

Dennoch ist der Altar noch einmal im festlichen Weiß geschmückt. Denn es ist auch die Nacht, in der Jesus mit seinen Freundinnen und Freunden das Abendmahl feierte. Wir feiern es heute auch, um uns daran zu erinnern. Von Brot und Wein lassen wir uns Kraft und Mut geben für unseren Weg. Wir erinnern uns, dass wir nicht allein sind, sondern umgeben von Gottes Nähe und Schutz. Wir bitten unseren Herrn: Herr, bleibe bei uns, denn es will Abend werden und der Tag hat sich geneiget.

- Liedruf: Herr, bleibe bei uns (EG 483)

- Abendgebet im Wechsel (Liturg/in – Gemeinde)

Der Abend ist herbeigekommen.
Lasst uns Gott danken.
Für alles, was dieser Tag uns gebracht hat.
    Danke für die Farben,
    danke für das Lachen,
    danke für die Wolken,
    die Bäume und den Wind.
Danke, Gott, dass du bei uns bist.
Im Licht des Tages.
Und in der Dunkelheit der Nacht.
    Danke, dass du uns Mut machst,
    Mut für jeden Tag.
    Mut für jeden Schritt,
    Mut auch dann, wenn wir Angst haben.
Der Abend ist herbeigekommen.
Das Dunkel der Nacht beginnt.

Behüte uns, Gott.
Sende uns deine Engel,
dass sie über uns wachen.
Amen

- Lesung (oder freies Erzählen von): Markus 14,10-31

- Lied: Ins Wasser fällt ein Stein (BEL 648)

- Impuls zum Lied „People help the people" von Birdy

Wenn wir uns in der letzten Zeit getroffen haben, unten im Jugendraum, haben wir oft ein Lied von Birdy gehört: People help the People. Eine von euch hat zu mir gesagt: Das Lied magst du bestimmt, da kommt auch Gott drin vor. Ich hab's mir dann noch mal ganz genau angehört. Tatsächlich. Gott kommt vor in diesem Lied. Es erzählt von Menschen, die ganz schön was durchmachen, von unerwiderter Liebe, von emotionaler Ausbeutung, von zerfallenen Träumen, von Tränen und Lügen. Birdy singt davon, dass wir ganz viel Trauer in uns verbergen. Das ist erst einmal eine pessimistische Botschaft. Aber da wir in der nächsten Zeit ganz viel Schönes erleben, die Osternacht und das Fest danach und dann die Jugendfreizeit, darum denke ich, können wir heute über etwas Ernstes und Trauriges nachdenken. Das passt sogar gut in diesen Abend. Heute denken wir an viel Trauriges: Jesus wird von einem Freund verraten. Seine anderen Freunde lassen ihn im Stich. Menschen, die ihm eben noch zugejubelt haben wie einem Popstar, lassen ihn fallen. Jesus wird gefoltert und verurteilt, obwohl er nichts Schlimmes getan hat. Wir begegnen heute einem Jesus, der Angst hat. Heute Abend lässt das Traurige sich nicht wegdrücken. Das Traurige darf zu uns sprechen. Aber erst einmal hören wir uns das Lied gemeinsam an.

Einspielung des Liedes von Birdy

Die Menschen, von denen das Lied erzählt, sind traurige Menschen. Genaues erfährst du nicht, aber du merkst, sie haben manches erlebt, was sie verletzt hat und was Wunden zurückgelassen hat. Es sind Erfahrungen, die wir gern voreinander verstecken. Dass es im Leben nicht immer einfach ist, das wisst ihr selbst. Ihr habt selbst schon manches durchgemacht. Ihr habt erfahren, dass es Brüche im Leben gibt und große Veränderungen. Dass Menschen, die ihr lieb hattet, gestorben sind. Ihr habt manchen Stress in der Schule erlebt. Ihr wisst, dass es manchmal sehr schwer ist, ein guter Freund zu sein und gute Freunde zu haben, dass Freundschaft und auch Liebe wehtun können. Und dann seid ihr auch noch in einem Alter, in dem die Eltern langsam anfangen, ein bisschen schwierig zu werden.

Ich finde viel Weisheit in dem Lied von Birdy. Denn wenn es schwer wird, wenn es kalt wird wie Stein und wenn Träume sterben wie Sonnenuntergänge, dann ist es gut, dass Gott vorkommt. Gott weiß es, heißt es in dem Lied, und das hilft. Gott weiß es. Er sieht den Kummer und das Verborgene. Und er sieht es liebevoll an, nicht verurteilend. Ich glaube, dass vieles im Leben gut werden kann, wenn wir das nicht vergessen. Dass Gott uns liebevoll anschaut. Und dass es heilt und hilft, wenn er uns liebevoll anschaut. Es ist ein liebevolles Gesicht, das über uns wacht, und Gottes Engel sterben und verstummen nicht.

Als Jesus allein im Garten Gethsemane war, hat er Gott gefragt, ob es nicht einen Ausweg gibt, der ihm Leiden und Tod erspart. Ihr wisst, wie die Geschichte ausgeht. Gott hat Jesus sterben lassen. Der schwere Weg ist schwer geblieben. Aber die Bibel sagt: Gott hat Jesus einen Engel geschickt, der ihm Kraft gab. Der Weg blieb schwer, aber ein Engel war da, der Jesus geholfen hat.

Das Lied weiß aber noch etwas anderes gegen das Schwere im Leben:

Menschen, helft den Menschen.
Und wenn du Heimweh hast, gib mir deine Hand und ich werde sie halten.
Menschen, helft den Menschen.
Und nichts wird dich runterziehen.

Helft euch gegenseitig. Das ist wichtig. Ich kann nämlich was wegstecken, wenn ich nur ein paar Menschen habe, die im Fall der Fälle da sind für mich. Wenn es die Menschen sind, auf die es ankommt. Diese Erde, dieser Ort, diese Kirche, die Schulklasse kann ganz anders sein, wenn wir einander beistehen. Es ist ein Segen, wenn und wo das passiert. Und das kann jeder. Für einen anderen da sein. Das könnt ihr auch. Und wenn ihr das zu eurer Haltung macht, dann habt ihr ganz viel begriffen von dem, was Jesus gesagt und getan hat. Wofür er gestorben ist. Und was er von den Jüngerinnen und Jüngern wollte, als er wieder auferstanden ist. Er hat sie in die Welt geschickt und ihnen den Auftrag gegeben: Seid für andere da.

Wir feiern heute das Abendmahl, so wie Jesus am Abend vor seinem Tod mit seinen Freunden das Abendmahl gefeiert hat. Da geht es auch genau darum: Es soll keiner allein unterwegs sein. Es soll sich jeder darauf verlassen können, dass, wenn er fällt, es Hände gibt, die ihm Halt geben. Dass es eine Gemeinschaft gibt, die trägt, die Verwundeten und die Ganzen, die Zweifler und die voller Vertrauen. Dass es gut werden kann, sogar dann noch, wenn es richtig schiefgegangen ist, wie zwischen Jesus und seinen Freunden, die ihn nach dem Abendmahl im Stich gelassen haben. Es kann gut werden. Mit Gottes liebevollem Angesicht über uns. Mit Menschen, die einander Mitmenschen sind und Helfer.

- Lied: Komm, sag es allen weiter (EG 225)

- Einladung

Eine Jugendliche:
Habt Ihr Durst? Durst nach Leben und Durst nach Sinn?
Dann kommt zu der Quelle mit frischem Wasser, das den Durst stillt.
Gott ist diese Quelle.

Ein Jugendlicher:
Habt Ihr Hunger? Lebenshunger?
Dann kommt und esst von dem Brot.
Brot, das auch die Seele satt macht und das Herz.
Denn Jesus sagt: Ich bin das Brot.

Eine Jugendliche:
In jener Nacht teilte Jesus mit seinen Freunden Brot und Wein. Er lud sie ein, bei ihm zu bleiben. Er zeigte ihnen, dass sie eine Gemeinschaft sind wie das Brot, das aus vielen Körnern und doch eins ist.

- Einsetzungsworte

Ein Jugendlicher:
So wie Jesus es damals getan hat, nehmen auch wir jetzt Brot. Brot wie jeden Tag, durch eines Menschen Arbeit gemacht und doch so etwas Besonderes, eine Gabe der Erde, die die Körner hat wachsen lassen, eine Gabe von Regen, Sonne und Wind, eine Gabe der Schöpfung und eine Gabe Gottes. Jesus ist bei uns, der sagt: Ich bin das Brot.

Eine Jugendliche:
Wir trinken aus einem Becher und zeigen, dass wir zusammengehören wollen. Wer miteinander Streit hat, versöhnt sich. Keiner soll allein bleiben oder ausgeschlossen sein. Jeder kann kommen, wie er jetzt gerade ist. Jede kann kommen und zu Gott bringen, was ihr Leben gerade schwer macht.

Wir geben einander ein Zeichen des Friedens, in dem wir uns gegenseitig einen guten Wunsch sagen. Wir gehen zu denen in unserer Nähe hin und sagen ihnen: „Ich wünsche dir, dass ..."

- Austeilung

- Bitt- und Dankgebet

Gott, danke für das Brot.
Lass es für uns eine Stärkung sein für unseren Weg, für das, was gerade schwer ist für uns.
Du hast dein Leben zerbrechen lassen und dich so an die Seite der Menschen gestellt,
denen ihr Leben Herz und Rückgrat bricht.
Gib ihnen das, was sie brauchen.
Danke für den Kelch.
Lass Freude bei uns bleiben und unser Leben immer wieder ein Fest sein.
Du hast dein Leben ausgeschüttet für die, denen es an allem fehlt.
Gib denen, die sich nach Gerechtigkeit sehnen, nach Menschen, nach Liebe und nach Sinn, das, was sie brauchen.

- Vaterunser

- Schlusslied: Gehe ein in deinen Frieden (EG 489)

- Segen

Nehmt mit von Gottes Segen,
nehmt mit von Gottes Kraft,
geht euren Weg mit leichtem Schritt,
aufrecht und mit Mut.
Teilt den Frieden und die Hoffung wie Brot mit denen,
die euch begegnen.
So segne und behüte euch der liebevolle Gott.
Amen

Am Ende des Gottesdienstes kann, bevor die Gemeinde auseinandergeht, außerdem gelesen werden: Markus 14,32-42 oder Johannes 13,21-30.

5. Karfreitag: Lichtfunken

- Musik zum Eingang

- Eingangslied: O Haupt voll Blut und Wunden (EG 85,1+4)

- Votum – Liturgischer Gruß

- Begrüßung

- Psalm 22 im Wechsel (Liturg/in – Gemeinde)

- Eingangsgebet

Zu deinem Kreuz, Jesus, trage ich
meine Sorgen, meinen Schmerz, meine Not.
Zu deinem Kreuz trage ich
mein Versagen, das Krumme und Zerbrochene,
Lebenssplitter, Hoffnungsscherben,
das Enttäuschen und Enttäuschtwerden.
Zu deinem Kreuz trage ich
das Unrecht, Ohnmacht, Feigheit, Angst.
Wie Zentnerlast auf den Schultern,
wie Steine auf dem Herzen,
wie Dunkelschatten auf der Seele.
Du aber sagst: Komm her,
mit allem, was dich quält und belastet.
Ich gebe dir neue Kraft.

- Kyrieruf – Gnadenzuspruch

- Oder: Sündenbekenntnis mit Beichtfrage und Lossprechung

- Bittlied: Ehre sei dir, Christe (EG 75)

- Tagesgebet

Jesus, wir stehen unter deinem Kreuz,
ein Ort des Leidens, der Trauer, der Dunkelheit.

Doch für uns auch ein Ort des Heils.
Hier dürfen wir ablegen, was uns beschwert,
unseren Kummer, unsere Last, unsere Angst.
Hier dürfen wir Gott finden,
weil du ihm ferne warst.
Hier nimmst du die Schuld und das Versagen von uns
und versöhnst uns mit Gott.
Hier werden wir frei,
weil du uns die Befreiung bringst.
So lass uns leben als Befreite.

- Lesung: Markus 15,20b.21f.24-26.29-31.33f.37f.

Und sie führten ihn hinaus, dass sie ihn kreuzigten.
Und sie zwangen einen, der vorüberging, mit Namen Simon von Kyrene, der vom Feld kam [...], dass er ihm das Kreuz trage.
Und sie brachten ihn zu der Stätte Golgatha, das heißt übersetzt: Schädelstätte.

Und sie nagelten ihn ans Kreuz.[7]
Geräusch von Nägeln, Hammerschläge

Und sie teilten seine Kleider und warfen das Los, wer was bekommen solle.
Wiederholtes Fallen von Würfeln

Und es war die dritte Stunde, als sie ihn kreuzigten.
Und es stand über ihm geschrieben, welche Schuld man ihm gab, nämlich: Der König der Juden.

Und die vorübergingen, lästerten ihn und schüttelten ihre Köpfe und sprachen:
(andere Stimme)
Ha, der du den Tempel abbrichst und baust ihn auf in drei Tagen, hilf dir nun selber und steig herab vom Kreuz!

---

[7] Text folgt hier nicht der Lutherübersetzung.

Desgleichen verspotteten ihn auch die Hohepriester untereinander samt den Schriftgelehrten und sprachen:
(andere Stimme)
Er hat andern geholfen und kann sich selber nicht helfen.

Und zur sechsten Stunde kam eine Finsternis über das ganze Land bis zur neunten Stunde.
Und zur neunten Stunde rief Jesus laut: Eli, Eli lama asabtani? Das heißt übersetzt: Mein Gott, mein Gott, warum hast du mich verlassen?

Stille

(verschiedene Stimmen)
Syrien
Ägypten
Libyen
Simbabwe
Die Krebsstation

Stille

Aber Jesus schrie laut und verschied.
Und der Vorhang im Tempel zerriss in zwei Stücke von oben an bis unten aus.
Stoff zerreißt, dann Stille

- Glaubensbekenntnis

- Hauptlied: Herzliebster Jesu (EG 81,1-6)

- Kreuzmeditation mit dem Lied: Holz auf Jesu Schulter (EG 97)

Im Laufe der Meditation wird ein Kreuz geschmückt.
Das Kreuz kann auch mit Steinen auf den Boden gelegt werden.
Die Meditation wird von mehreren Stimmen gelesen.

EG 97,1 wird gesungen.

Liturg/in:
Das Kreuz:
Folterinstrument, unmenschliche Grausamkeit, Willkür.

Der, der das Kreuz auf der Schulter trägt, hat Hoffnung gebracht.
Er hat Menschen Bedeutung und Würde zugesprochen.
Er hat nicht gerichtet, sondern aufgerichtet.
Gebückte gingen wieder aufrecht.
Gedemütigte nannten Gott wieder Vater.
Gequälte konnten wieder frei atmen.
Jesus, dem Dunkel der Menschennächte hast du deine Seele geöffnet,
du bist den bitteren Weg ans Kreuz gegangen.
Du hast die Last des Kreuzes getragen
und bist so an der Seite derer geblieben,
die durch Dunkel und Angst gehen.
Darum bringen wir zu dir das Dunkel unserer Erde.

Am Kreuz werden Steine abgelegt.

Sudan
Afghanistan
Palästina

Zu dir bringen wir das Dunkel unseres Lebens.

Depression
Krankheit
Einsam sein

Doch dein Kreuz wird zum Baum des Lebens.
Neues Leben, wo wir nur Tod sehen.

Alle: Das Kreuz Christi ist der Baum des Lebens.

EG 97,2+3 werden gesungen.

Gott hat die Erde zu seinem Lob erschaffen.
Das Singen der Vögel,
das Rauschen des Windes,
das Prasseln der Regentropfen –
alles ist Gottes Loblied.

- Lesung aus Psalm 19

Die Stimme der Erde ist zur Klage geworden.

Stille

Zur Umkehr ruft uns das Klagelied von Tieren, Wasser, Erde und Wind.
Zum Baum des Lebens bringen wir die Klage der Erde.

Tücher in dunklen Farben werden zum Kreuz gebracht.

Das Kreuz verbindet Erde und Himmel.
Denn der Tod hat keine Macht mehr,
seit Jesus rief: Es ist vollbracht.

Alle: Das Kreuz Christi ist der Baum des Lebens.

EG 97,4 wird gesungen.

Umkehr wird möglich, weil wir aus dem Licht Gottes schöpfen können.
Im Licht Gottes geschieht Verwandlung.

- Gebet:

In dir, Jesus, ist es aufgeleuchtet,
das Licht, das nicht verlöscht,
das heilende Licht des Angesichts Gottes,
Licht, das heilt und zurechtbringt.
In uns ist die Dunkelheit oft größer als das Licht.
Aber ich will die Türen meines Lebens öffnen,
wenn dein Licht auf mich fällt.
Licht sein und Lob sein.

Jedes Menschen Leben ist Teil des Lobliedes,
das die Schöpfung Gott singt.
Achte, Bruder, achte, Schwester, auf das Lied, das in dir singt,
dass es nicht verstummt.

EG 97,5 wird gesungen.

- Gebet:

Leise rührt deine Stimme, Gott, an mein Leben.
Andere Stimmen in mir sind lauter.
Still will ich werden, um deine Stimme zu hören,
die sanft ist wie ein Windhauch am Morgen,
wenn das Licht kommt.

Warum zweifelst du?

Es ist möglich, anders zu handeln.
Es ist möglich, eine Andere zu werden, ein Anderer zu sein,
mehr als die Verzagtheit,
mehr als die Resignation,
mehr als die Bequemlichkeit.

Zweifle nicht an deinem Wert,
zweifle nicht an dem Sinn,
zweifle nicht an Gottes Nähe,
nah bei dir.

EG 97,6 wird gesungen.

Das Kreuz wird mit Blumen, Efeu und Früchten geschmückt.

Der Baum des Todes ist zum Baum des Lebens geworden.

Alle: Das Kreuz Christi ist der Baum des Lebens.

Christus,
du schenkst uns die Früchte des Lebensbaumes,
Einsicht, wo der Weg in die Irre führt,
Sinn, wo alles vergeblich schien,
Wert, der neu aufrichtet,
Liebe, aus der ich lebe.
Zu dir können wir heimkehren selbst als verlorene Tochter,
verlorener Sohn.
Christus teilt das Brot mit uns,
das wie Hoffnung schmeckt,
bitter und süß.
Heute hören wir seine Stimme, die uns aus der Dunkelheit herausruft,
er ist das Wort, dem kein Tod gewachsen ist,
es ruft uns zur Auferstehung und zum Leben.
Wahrlich, dieser ist Gottes Sohn.

- Lied nach der Meditation: Oculi nostri ad Dominum Deum (EG 789.5) oder Ein Lämmlein geht und trägt die Schuld (EG 83)

- Fürbitten (von zwei Stimmen im Wechsel gelesen)

Jesus, du hast dein Kreuz getragen.
Darum bitten wir dich für alle, denen die Last ihres Lebens zu schwer geworden ist,
für die Kinder, die allzu früh die Arbeit von Erwachsenen tun müssen,
dass sie Hilfe bekommen, zur Schule gehen können
und Menschen haben, die für sie da sind,
für die, die niedergedrückt werden vom Gefühl, nichts wert zu sein,
dass ihr Leben neuen Sinn bekommt.

Jesus, du hast die Trauernden seliggepriesen.
Darum bitten wir dich für die, die um einen geliebten Menschen trauen,
dass sie Trost finden.

Jesus, du hast Folter, Willkür und Gewalt erfahren,
wir bitten dich für alle, die ohne fairen Prozess im Gefängnis sind,
dass sie gesehen werden.
Wir bitten dich für die, die Gewalt und Folter ausgesetzt sind,

dass den Peinigern Einhalt geboten wird
und Verfolgte Zuflucht finden.

Jesus, du hast denen vergeben, die dich ans Kreuz schlugen,
lass Frieden wachsen zwischen verfeindeten Völkern, Ethnien,
Religionen, Nachbarn und einzelnen Menschen,
lass die, die nach Versöhnung suchen, immer mehr werden.

Jesus, du bist das Licht,
selbst dein bitterer Kreuzweg hat es nicht verlöschen lassen.
Sei du das Licht in unserem Dunkel,
bleibe bei uns auf unseren Wegen
und mache unsere Herzen, die oft so verzagt sind, fest in dir.
Mit den Worten, die du uns anvertraut hast, beten wir:

- Vaterunser

- Schlusslied: O Haupt voll Blut und Wunden (EG 85,8-10)

Verlöschen der Altarkerzen am Ende des Gottesdienstes (dieses liturgische Element praktiziert die Johannesgemeinde in Rastatt).

Der Liturg / die Liturgin nimmt eine Altarkerze in die Hand und stellt sich vor den Altar, zur Gemeinde gewendet:
Hört, was beim Propheten Jesaja vom Knecht Gottes geschrieben steht.

- Lektor/in: Jesaja 50,6.10

Der Liturg / die Liturgin bläst die Kerze aus und stellt sie zurück in den Ständer, nimmt die zweite Kerze in die Hand und stellt sich vor den Altar, zur Gemeinde gewendet:
Hört, was der Evangelist Johannes am Anfang seines Evangeliums über Christus schreibt.

- Lektor/in: Johannes 1,4-5.9-11

Der Liturg / die Liturgin bläst die zweite Kerze aus und stellt sie auf den Leuchter zurück.

Der Altar wird abgeräumt.

- Segen

Die Antwort auf den Segen wird nicht von Musik begleitet; die Musik zum Ausgang entfällt, so dass die Gemeinde in Stille die Kirche verlässt.

6. Karsamstag: Er wälzte einen großen Stein vor des Grabes Tür

Wenn möglich, sind die Stühle der Teilnehmenden als Kreis gestellt. In der Mitte liegen auf schwarzen Tüchern Steine.

- Hinführung

Der Karsamstag ist ein seltsamer Tag. Karfreitag ist vorbei. Aber noch ist nicht Ostern. Noch ist es dunkel. Es ist der Tag der Grabesruhe. Jesus liegt tot in seinem Grab. Er ist hinabgestiegen in das Reich des Todes, wie wir im Glaubensbekenntnis bekennen. Der Karsamstag erinnert uns daran, dass das Dunkel ausgehalten werden muss, bevor das Licht kommt, bevor neues Leben möglich ist. Das sagt uns die biblische Passionsgeschichte. Aber es ist auch ein Gleichnis für unser Leben. Wir denken darüber nach, welches Dunkel wir aushalten. Wir betrachten den Felsstein, der uns den Weg versperrt. Wir sehen die Steine, die uns auf der Seele liegen. Aber wir hören auch auf die Verheißung, die Gott uns gibt.

- Eingangsspruch (andere Stimme): Johannes 3,16

- Eingangslied: Korn, das in die Erde (EG 98)

- Lesung: Matthäus 27,57-66

Der Text wird von einer Person oder reihum gelesen. Die Teilnehmenden werden nach der Lesung gebeten, laut die Worte oder Textpassagen zu benennen, die ihnen besonders aufgefallen oder wichtig sind, ohne dass dies kommentiert wird. Während dieser Form der Textmeditation können immer wieder Phasen des Schweigens entstehen. Zum Abschluss wird der Text noch einmal im Ganzen vorgelesen.

- Glaubensbekenntnis

- Hauptlied: Wir danken dir, Herr Jesu Christ (EG 79)

- Impuls

Die Steine, die in der Mitte liegen, sind im Garten aufgelesen, am Straßenrand oder aus Flussbetten. Manche hat das Wasser glatt gespült.

Manche sind voller scharfer Kanten. Sie sind verschieden in ihren Farben, Größen und Formen.

Wenn Sie die Steine betrachten, kommen Ihnen vielleicht Erinnerungen in den Sinn. Persönliche Steinerinnerungen. Die glatten Steine erinnern mich an Strand an der Ostsee, wo ich schöne Steine aufgesammelt und mitgenommen habe. Manche Steine erinnern mich an den Garten meiner Großtante, bei der ich als Kind oft die Ferien verbracht habe. Da waren alle Beete mit Steinen eingefasst. Auf Spaziergängen hob Tante Else oft einen Stein auf und nahm ihn mit für ihre Gartensammlung. Ich denke an Sommertage an einem Bachufer: Die Schuhe ausziehen und durch den Bach waten ist etwas Wunderbares. Wenn nur manche Steine nicht so spitz wären.

Ich denke an die Stolpersteine. Vor ehemals jüdischen Häusern erinnern sie mittlerweile in vielen Städten an die früheren Besitzer, die deportiert wurden. Auf den Steinen steht ihr Name, ihr Geburtsdatum, das Sterbedatum und der Ort, an dem sie gestorben sind. Oft steht da Gurs, Soribor oder Auschwitz.

Wenn Juden ein Grab besuchen, bringen sie keine Blumen mit, die schnell verblühen. Sie bringen einen Stein mit. Der Stein bleibt auf dem großen Grabstein liegen und erinnert daran: Ich war hier an deinem Grab. Etwas von mir bleibt bei dir. Ich habe dich nicht vergessen. Dass du fehlst, ist ein Stein, der auf meinem Herzen liegt.

Steine und Gräber gehören zusammen. Nicht nur, weil Gräber oft mit einer Steinumrandung eingefasst sind. Oder weil Grabsteine an den Verstorbenen erinnern. Es hat auch etwas mit ihrer Unbeweglichkeit zu tun. Ihrer Leblosigkeit. Ihrer Schwere.

In der Geschichte von Jesu Grablegung wird das Grab mit einem großen Stein verschlossen. Das sagt sehr viel: Es ist vorbei. Es ist zu Ende. Weggeschlossen sind alle Hoffnungen. Tot ist tot. Das Grab ist verschlossen. Der Weg ist versperrt. So, wie wir eben gesungen haben: „Jesus ist tot. Wie sollte er noch fliehn?"

Vielleicht nehmen Sie nun einen der Steine in Ihre Hand. Suchen Sie sich einen aus und betrachten Sie ihn einen Augenblick. Der Stein will Sie erinnern an Wege, auf denen es nicht weiterging, weil sie versperrt waren. Weil da Hindernisse waren wie Steinbrocken, die nicht weggeräumt werden konnten. Er erinnert an weggeschlossene Hoffnungen und aufgegebene Träume. An Lasten, die auf der Seele liegen. An den Fels, der ein Grab verschließt, und die Trauer, die brockenschwer auf der Seele liegt.

Der Stein liegt in meiner Hand. Er ist schwer. Er ist kalt. Er hat Kanten und Unebenheiten.

Verschlossene Wege. Weggeschlossene Hoffnungen. Aufgegebene Träume.

Ein Grab, wo einmal Leben war. Die Last auf der Seele. Ein Stein.

Ich schaue noch einmal genauer hin: Der Stein wird allmählich wärmer. Er nimmt meine Wärme an. An manchen Stellen glitzert er, wenn Licht auf ihn fällt. Da ist Schönheit verborgen, die sich nicht gleich zeigt.

Er hat nicht nur Kanten. Er hat auch ganz glatte Flächen. Sie fühlen sich gut an, wenn ich mit den Fingern über sie fahre. Der Stein ist ganz fest. Er gibt nicht nach. Mehr und mehr wird er zu meinem Stein.

Mein Leben ist mein Leben. Auch die Irrwege gehören dazu. Die Steinwege. Die Lasten und die Trauer. Hoffnungen und Träume, die sich nicht erfüllt haben. Die Ecken und Kanten, die sich nicht haben weichspülen lassen. Mein Stein erinnert mich daran, dass schwere Wege nicht nur schwer sind. Gerade auf den schweren Wegen gab es auch die wachsende Einsicht in die Bedeutung von Freundschaft, bleibender Liebe, Menschen, die bei mir geblieben und mitgetragen haben. Inmitten des Schmerzes Augenblicke des Trostes, der Wärme und der Schönheit. Ein Leben wäre leer ohne diese Erfahrung. Das zeigt mir mein Stein.

Er zeigt mir aber auch seine Widerständigkeit. Er bleibt unnachgiebig. Die sanften Hände des Wassers haben viele Jahre an Zeit gebraucht, ihn zu verändern. Der Stein gibt nicht so leicht auf.

Darum spricht auch seine Widerständigkeit zu mir. Es geht nicht um Resignation. Es geht nicht um Aufgeben und Hinnehmen. Es geht um Kraft, Steines Kraft. Kraft, aus der ich leben und mein Leben gestalten kann, auch wenn nicht alles glattgeht. Eine innere Unnachgiebigkeit, die Träume festzuhalten und die Hoffnungen nicht herzugeben. Einen Widerstand gegen den Glauben an den Tod. Eine Kraft, die damit rechnet, dass Neues und Unerwartetes geschieht. Dass es neue Anfänge gibt, wo alles zu Ende zu sein scheint.

Diese Kraft ist es, die am Morgen den Stein zur Seite rollen lässt und das Grab der Gegenwart der Engel öffnet.

- Lesung (andere Stimme): Matthäus 28,2+5

Das Grab ist nicht mehr verschlossen. Der Stein ist weggewälzt. Jesus ist auferstanden. Gottes Nähe in unserem Leben ist eine Wirklichkeit, die Mauern zum Einsturz bringt, die Gräber aufgegebener Hoffnungen und Träume öffnet und dem Leben einen Weg bahnt. Darum werden wir manchmal verzagt sein. Aber wir müssen nicht verzweifeln. Gott öffnet uns einen Weg.

- Lied: Holz auf Jesu Schulter (EG 97)

Zwischen die Steine, die noch auf den Tüchern liegen, wird ein Kreuz gelegt oder aus den Steinen geformt. Zu jeder Bitte wird ein kleinerer Stein am Fuße des Kreuzes abgelegt.

- Fürbitten

Jesus Christus,
du hast die Last von Menschen auf dich genommen,
ihre Not und ihr Los geteilt,
selbst in den Tod gehst du mit uns,
damit wir nicht allein bleiben und die Last uns leichter wird,
so bitten wir dich für alle, deren Leben belastet und beschwert ist.

Für alle, die krank sind.
  Alle: Lass ihre Last leichter werden.
Für die Sterbenden.
  Alle: Lass ihre Last leichter werden.
Für Menschen, die die Feiertage erleben, ohne jemanden zu haben, mit dem sie reden können.
  Alle: Lass ihre Last leichter werden.
Für Trauernde.
  Alle: Lass ihre Last leichter werden.
Für die, die in Gefängnissen sitzen.
  Alle: Lass ihre Last leichter werden.

Für Menschen, die bei uns Asyl und Zuflucht suchen.
Alle: Lass ihre Last leichter werden.
Für Menschen, die in ihren Beziehungen an ein Ende gekommen sind.
Alle: Lass ihre Last leichter werden.
Für alle, die keinen Sinn in ihrem Leben sehen.
Alle: Lass ihre Last leichter werden.
Für die Müden und Ausgebrannten.
Alle: Lass ihre Last leichter werden.

Jede und jeder der Mitfeiernden hat nun die Möglichkeit, für ein eigenes Anliegen einen Stein am Kreuz abzulegen, schweigend oder die Bitte aussprechend.

- Vaterunser

- Abkündigung am Schluss

Die Steine dürfen mitgenommen werden. Sie können auf dem Schreibtisch stehen, im Garten einen Platz finden, bemalt werden, an einem Grab abgelegt oder im Fluss versenkt werden. Jeder weiß selbst, was passt.

- Schlusslied: Der Lärm verebbt, und die Last wird leichter (BEL 676)

- Segen

Jesus, der Weg, öffne dir Türen ins Leben.
Jesus, der Hirte, bleibe bei dir.
Jesus, Brot des Lebens, gebe dir Mut und neue Kraft.
Jesus der Gekreuzigte, helfe dir, deine Last zu tragen.
Jesus, der Auferstandene, schenke dir neues Leben.

Teil 2: Ostern

1. Osternacht: Warten auf das Licht

Stille in der dunklen Kirche; folgender Text wird von fünf Stimmen gelesen.

1: Warten.
2: Warten.
3: Warten.
4: Warten.
5: Warten auf das Licht. Warten, dass das Dunkel vorbeizieht und das Licht kommt.

1: Bevor Ostern kommt.
2: Bevor die Auferstehung kommt.
3: Bevor das neue Leben kommt,
4: ist es dunkel.
5: Die Zeit der Dunkelheit muss ausgehalten werden, bevor neues Leben kommen kann.

1: Die Zeit der Trauer.
2: Die Zeit der Leere.
3. Die Zeit der Wüste.
4. Die Zeit des Dunkels.

1: Warten.
2: Warten.
3: Warten.
4: Warten.
5: Warten auf das Licht. Warten, dass das Dunkel vorbeizieht und das Licht kommt.

Sehnsüchtig, Gott, sehnsüchtig wie der Schlaflose auf den Morgen,
wie der Gefangene auf den Tag der Entlassung,

sehnsüchtig wie eine Mutter, die ihr Kind erwartet,
sehnsüchtig wie das Samenkorn, das in der Erde schläft und vom Frühling träumt,
so sehnsüchtig, Gott, warte ich auf dich.

- Liedruf: Bleibet hier und wachet mit mir (aus Taizé; Musik: Jacques Berthier)

1: Warten hat viele Gesichter, Farben und Melodien.[8]
Immer hat es damit zu tun, dass noch nicht ist, was noch kommt.
Immer hat es damit zu tun, dass etwas offen ist – und damit, dass wir die Ungewissheit Gott in die Ohren legen.

2: Warten ist unbestimmt, ist Abwarten und manchmal Teetrinken.
Ich habe getan, was ich konnte – jetzt kann ich nur noch warten.
Es gibt überhaupt nichts mehr zu tun, die Hände sind gebunden, meine und die der anderen. Zum Nichtstun verdammt. Hilflos. Ergeben warten.

5: Das ist so schwer:
auszuhalten, dass ich nichts tun kann.
Abzuwarten, wie sich die Dinge entwickeln.
Einfach nur warten.
Gott, das ist so schwer.

3: Warten – sehnend und sehnsuchtsvoll.
Ich verzehre mich vor Sehnsucht nach dem, auf dessen Antwort ich warte.
Ich warte, erfüllt von der Sehnsucht nach dem, was kommt.
Die Sehnsucht ist groß – mein Leben ein einziges Warten.

5: Das ist so schwer:
wenn die Sehnsucht ins Leere läuft,
wenn mein Sehnen mich auffrisst,
wenn sich die bange Frage stellt: wird meine Sehnsucht je gestillt?
Gott, das ist so schwer.

---

8 „Warten hat viele Gesichter, Farben und Melodien", Text ohne Liedruf: © Dr. Heike Springhart.

• Liedruf: Bleibet hier und wachet mit mir …

4: Warten – ungeduldig und drängend.
Ich habe die ewigen Durchhalteparolen satt!
Sie sind Beruhigungspillen, ich scharre mit den Füßen.
Zum Warten verdammt werde ich wütend.
Sie halten mich still, wo ich aufbegehren will.

5: Das ist so schwer:
sich nicht einlullen zu lassen von dem, was man mir als Sachzwänge verkauft.
Mir das Aufbegehren und den kritischen Geist nicht ausreden zu lassen.
Zu unterscheiden, wann Geduld angesagt ist und wann Ungeduld das Gebot der Stunde ist. Das ist so schwer, Gott.

1: Warten – freudig auf das gute Ende zuleben.
Manchmal gibt schon das Warten einen Vorgeschmack auf das, was am Ende als freudiges Ereignis zu erwarten ist.
Dann wartet es sich leichtfüßig und mit froher Gespanntheit.
Neun Monate freudiges Warten auf ein Kind.
Freudiges Warten auf den Ruhestand.
Gespanntes Warten auf die neue Stelle.
Freudig-gespanntes Warten auf das große Fest.
Wenn das gute Ende absehbar ist, wird das Warten zur Freude.

5: Das ist so schwer:
die Vorsicht fahren zu lassen,
die Sorgen, ob auch wirklich alles gut gehen wird, beiseite zu legen,
sich von der Freude des guten Endes anstecken zu lassen.
Das ist so schwer, Gott.

• Liedruf: Bleibet hier und wachet mit mir …

2: Warten – bang und sorgenvoll.
Bang und schier unerträglich wird das Warten, wenn der Ausgang ungewiss ist.

Tage und Stunden auf einer Krankenstation und warten auf die Untersuchungsergebnisse. Die Diagnose – das Urteil.
Warten auf die Prüfungsergebnisse – bestanden oder durchgefallen?
Warten auf den mit Bauchschmerzen erwarteten Telefonanruf – mit der traurigen Gewissheit, dass die Sorge berechtigt war.
Warten auf das Ende. Bang und sorgenvoll.
Wenn das Ende und der Ausgang ungewiss sind,
wird das Warten zur Qual.

5: Das ist so schwer:
die Ungewissheit zu ertragen,
der Zerbrechlichkeit des Lebens ins Auge zu sehen,
erfahren, dass alles auch ganz anders sein könnte – von einem Moment auf den anderen.
Das ist so schwer, Gott.

3: Warten ist Entschleunigung.
Warten verlangsamt meinen Schritt.
An der Kasse, in der Schlange,
in der Warteschleife eines Callcenters, im Stau auf der Autobahn.
Alles geht langsamer und ich kann nur warten.
Ich kann mich nur der neuen Langsamkeit anpassen.
Warten entschleunigt.

5: Das ist so schwer:
Mit langsameren Schritten vorangehen,
akzeptieren, dass das Tempo nicht immer das ist, was ich mir wünsche,
den langen Atem auch dann zu behalten,
wenn es unerträglich langsam vorangeht.
Das ist so schwer, Gott.

4: Warten hat viele Gesichter, Farben und Melodien.
Immer hat es damit zu tun, dass noch nicht ist, was noch kommt.
Immer hat es damit zu tun, dass etwas offen ist.

- Liedruf: Bleibet hier und wachet mit mir …

5: Sehnsüchtig, Gott, sehnsüchtig wie der Schlaflose auf den Morgen,
wie der Gefangene auf den Tag der Entlassung,
sehnsüchtig wie eine Mutter, die ihr Kind erwartet,
sehnsüchtig wie das Samenkorn, das in der Erde schläft
und vom Frühling träumt,
so sehnsüchtig, Gott, warte ich auf dich.

- Stille

Die brennende Osterkerze wird hereingetragen unter dem Ruf:
„Christus, das Licht" – „Gelobt sei Gott"

Vor dem Altar:
„Wach auf, der du schläfst, steh auf von den Toten, so wird Christus dir leuchten."[9]

Das Osterlicht breitet sich aus.
Der Kantor / die Kantorin singt das Osterlob.

- Exsultet

Nun freue dich Erde, erhellt vom strahlenden Licht,
nimm wahr, wie das Dunkel von dir gewichen ist.
Er hat für uns den alten Schuldbrief getilgt.
Dies ist die Nacht, die leuchtet wie der Tag.
Dies ist die Nacht, die den Hass verscheucht,
Eintracht stiftet,
Gewalten beugt.
Dies ist die Nacht, in der Christus
Als Sieger aus der Tiefe emporstieg.
Dies ist die Nacht, in der Gott sich den Menschen verbindet.

Nun spielt die Orgel wieder.

- Lied: Christ ist erstanden (EG 99)

---

[9] Eph 5,14 nach eigener Übersetzung.

Der Altarschmuck wird von mehreren Personen zum Altar gebracht, nach dem Lied wird der leere Altar geschmückt.

Eine: Ich schmücke den leeren Altar mit Weiß, der Farbe des Festes, der Christusfarbe.

Einer: Ich schmücke den Altar mit den Farben des Regenbogens, denn Gott ruft uns zu einem Leben der Freude.

Eine: Ich schmücke den Altar mit Licht, denn Jesus Christus ist das Licht, das niemals verlöscht, Licht der Welt und Licht meines Lebens.

Einer: Ich lege die Bibel aufgeschlagen auf den Altar, denn von seinem Wort leben wir.

Eine: Ich schmücke den Altar mit Blumen, Geschenk aus Gottes Schöpfung.

Einer: Ich bringe das Brot, das uns stärkt für unseren Weg.

Eine: Ich bringe den Wein, Zeichen des Festes, zu dem Gott uns lädt.

- Lesung: Markus 16,1-8

Wasser wird in die Taufschale gegossen.

Liturg/in:
Liebe Schwestern und Brüder in Christus,
In der heiligen Taufe hat Gott uns angenommen und zu Gliedern seiner Kirche gemacht. In der Gemeinschaft mit den Getauften aller Weltzeiten und Orte haben wir Gottes Botschaft erfahren und gehört, dass Gottes Gedanken über uns voll Friede und Liebe sind.
Wir sind gerufen an Gottes Heiligen Tisch. Wir sind berufen, das Evangelium in der heutigen Welt zu bezeugen.
Daher bitte ich euch, euer Taufbekenntnis in dieser Nacht zu erneuern.
Sagt aller Macht des Bösen ab.

Bekennt öffentlich euren Glauben an Gott!
Vertraut euch erneut Gottes Bund mit euch an!
Lasst uns den Taufbund erneuern durch das Bekenntnis unseres Glaubens, wie es seit jeher bei der Taufe bekannt worden ist.

- Glaubensbekenntnis

- Lied: Ich bin getauft auf deinen Namen (EG 200,1)

Betrachtung der neuen Osterkerze und ihrer Symbole

- Lied: Kommt mit Gaben und Lobgesang (EG 229,1-3)

- Feier des Abendmahles

Liturg/in:
In Brot und Wein schenkst du dich uns, Gott.
Das Brot, Zeichen deines Sterbens.
Brot des Lebens, das uns stärkt für den Weg.
Wein des Festes deiner Auferstehung: Der Kelch des Heils.
Du schenkst uns, Christus, dein Sterben und dein Leben.
Das Licht dieses Morgens vertreibt auch mein Dunkel,
die Fülle deiner Gegenwart füllt auch meine leeren Hände,
das Osterlob verwandelt auch mein Klagelied in ein Lied der Freude,
das die ganze Schöpfung dir singt.

- Lobgesang

- Einsetzungsworte

- Vaterunser

- Friedensgruß und Einladung

- Austeilung

• Dankgebet

Gott, unsere Hoffnung,
Licht unseres Glaubens.
Wir haben deine Spuren gefunden,
Splitter und Funken deines Lichts,
in den alten Erzählungen,
in den Liedern der Hoffnung,
in den Zeichen und Wundern deines Weges.
Kranke wurden geheilt,
Lahme tanzten auf der Straße vor Freude,
Blinde staunten über die Buntheit der Farben,
Taube hörten Worte der Liebe,
und wo alle nur Tod sahen, wuchs neues Leben.
Dein Reich hat begonnen,
es wächst jetzt schon unter uns,
und einmal werden wir es sehen
in deinem Glanz, in deinem Licht.
Gott, dein Reich komme. Amen

• Schlusslied: Er ist erstanden, Halleluja (EG 116,1-4)

• Segen

Was sucht ihr den Lebenden bei den Toten?
Er ist nicht hier. Er ist auferstanden, wie er gesagt hat.
So geht, und sagt die gute Nachricht weiter.
Christus spricht: Ich lebe, und ihr sollt auch leben
Ihr sollt wirklich leben!
Ihr sollt leben mit mehr Vertrauen.
Ihr sollt leben mit mehr Gelassenheit.
Ihr sollt leben mit mehr Liebe
Ihr sollt leben mit mehr Mut.
Mit solchem Leben segne euch Gott!
Amen

2. Ostermorgen: Frühmorgens, da die Sonn aufgeht

Besonderes: Dieser Gottesdienst wird auf dem Friedhof mit dem Posaunenchor gefeiert. Laden Sie dazu insbesondere die Trauerfamilien des vergangenen Jahres ein.

- Musik zum Eingang

- Lesung des Osterevangeliums Markus 16,1-7 im Wechsel mit dem Lied: Frühmorgens, da die Sonn aufgeht (EG 111)

Lektor/in: Mk 16,1

Liturg/in:
Die drei Frauen haben an diesem Ostermorgen denselben Weg vor sich, den auch viele von Ihnen heute gehen: den Weg zu einem Grab. Wir versammeln uns am frühen Ostermorgen auf dem Friedhof, weil wir die Botschaft der Auferstehung dort hören und dorthin bringen wollen, wo wir sie besonders nötig haben: an das Grab von Menschen, die nicht mehr bei uns sind und die wir vermissen.

Die Frauen bringen Öle mit. Wer schon einmal Abschied genommen hat von einem geliebten Menschen und ihn auf dem Friedhof bestattet hat, der weiß, wie wichtig solche letzten Zeichen der Liebe sind: das Grab mit Blumen bepflanzen. Einen Grabstein aussuchen und den geliebten Namen eingravieren. Herkommen, um zu zeigen: Ich vergesse dich nicht.

Lektor/in: Mk 16,2

- EG 111,1-5

Lektor/in: Mk 16,3

Liturg/in:
Ein Grab ist ein besonderer Ort. Ein Ort der Trauer. Ein Ort der Nähe zu einem Verstorbenen. Ein Ort des Todes. Aber auch eingebettet in einen Garten voller Leben. Das Grab konfrontiert mich damit, dass ein Mensch nicht mehr zu mir zurückkommt. Ich kann den Stein nicht wegwälzen.

Aber am Grab fühle ich auch große Nähe. Ich fühle die tiefe Verbundenheit mit dem Verstorbenen. Die Liebe reicht bis in die neue Welt Gottes. Gott selbst ist die Brücke zwischen den Lebenden und den Toten.

- EG 111,7-9

Lektor/in: Mk 16,4

Liturg/in:
Der Stein ist weggewälzt. Wo für mich alles zu Ende ist, wo ich nur Tod sehe, da schafft Gott eine andere Wirklichkeit. Der Stein ist weggewälzt, das Grab ist offen, das Grab ist leer. Der Tod kann Jesus nicht festhalten. Darum wird er auch nicht den Menschen festhalten, um den ich trauere. Denn er oder sie gehört nicht dem Tod. Er gehört Gott. Er fällt nicht aus Gottes Hand.

- EG 111,11-15

Lektor/in: Mk 16,5+6

- Lied: Christ ist erstanden (EG 99)

- Gebet (gesprochen von einem Mitglied der Trauerfamilien)

Jesus Christus,
wir versammeln uns hier an den Gräbern von Menschen,
die wir haben hergeben müssen,
die wir vermissen und um die wir trauern.
Du weißt, wie es uns geht.
Du kennst die Erinnerungen, die immer wieder hochkommen.
Du weißt, wie weh es tut, wenn eine vertraute Stimme verstummt ist.
Du bist bei uns in den ganz dunklen Stunden,
in denen die Trauer sehr groß ist.
Wir kommen hierher,
weil wir dem Tod nicht das letzte Wort lassen wollen,
sondern weil wir gerade hier, an diesem Ort des Abschieds,
auf deine Stimme hören wollen.
Du sagst uns: Fürchte dich nicht.

Deine Engel sagen uns: Er ist nicht hier.
Das Grab ist leer, und der Tod hat nicht das letzte Wort.
Wie den Frauen damals fällt es auch uns schwer, das zu begreifen,
aber wir vertrauen dir, und die gute Nachricht soll ganz groß werden in unserem Leben.
Du gibst Leben, das der Tod nicht zerbrechen kann.
Niemand fällt aus deiner Hand.
Lass uns darum zuversichtlich sein und unseren Weg getröstet gehen.

- Lied: Auf, auf, mein Herz, mit Freuden (EG 112,1-4)

- Impuls

Wir haben von den Frauen am Grab gehört. Wenn ich heute auf dem Friedhof bin, dann denke ich an eine andere Frau. Immer an Ostern kommt sie mir in den Sinn. Nach einem Ostergottesdienst gab sie mir am Ausgang die Hand und sagte: „Das ist ja eine schöne Geschichte. Aber am Ende müssen wir ja doch alle sterben. Wir werden geboren, um zu sterben". Gegen die Logik des Todes kam Ostern für sie nicht an.

Wenn wir uns heute auf dem Friedhof versammeln, dann ist uns diese Macht des Todes vor Augen gestellt. Viele von Ihnen kommen zum Friedhof, weil sie hier ein Grab besuchen. Ein Grab ist ein Mensch, der fehlt. Aber wir hören und sehen heute Morgen nicht nur dieses, dass am Ende des Lebens der Tod steht. Die Ostergeschichte zeigt uns etwas anderes: die Liebe Gottes, die den Tod besiegt. Wenn wir einen Menschen verloren haben, den wir lieben, dann erfahren wir, wie real der Verlust ist. Wir hören seine Stimme nicht mehr, wir können sie nicht mehr umarmen; der Verstorbene fehlt. Aber wir erfahren auch, wie viel Nähe noch möglich ist, wie vertraut und nah uns der Verstorbene bleibt. Die Liebe ist ein Band, das uns weiter verbindet. Das Band rollt sich auf über Zeiten und Orte hinweg. Aber es reißt nicht. Wir spüren, dass der verlorene, geliebte Mensch letztlich unverlierbar ist. Die Liebe hält uns zusammen und lässt uns einander nicht verloren gehen. Karfreitag sagt uns: Wir werden geboren, um zu sterben. Aber Ostern sagt etwas anderes. Ostern sagt: Wir werden geboren, um zu lieben.

- Predigtlied: Der schöne Ostertag (EG 117)

- Fürbitten mit Gebetsruf: Kehrvers des Liedes „Er ist erstanden, Halleluja!" (EG 116)

Jesus Christus,
Auferstandener,
wir bitten dich
für alle Menschen, die wir verloren haben,
dass sie nicht aus deiner Hand fallen
und dass sie im Licht deiner Liebe leben.

Lasst uns lobsingen …

Wir bitten für alle Trauernden, dass sie Trost finden, Menschen haben, die sie verstehen und das Schwere mittragen, und dass sie die Engel an den Gräbern sehen, die ihnen sagen: Fürchte dich nicht.

Lasst uns lobsingen …

Wir bitten dich für Menschen, in deren Leben etwas an ein Ende gekommen ist, weil Wege sich trennen, erwachsene Kinder das Haus verlassen oder eine Lebensphase zu Ende geht, dass sich ihnen neue Wege und Perspektiven eröffnen.

Lasst uns lobsingen …

Wir bitten dich für die Kinder und Jugendlichen, die in unseren Familien und in unserer Gemeinde aufwachsen. Segne die Kinder, dass sie fröhlich groß werden. Steh den Jugendlichen bei, dass sie einen guten Weg für sich finden.

Lasst uns lobsingen …

Wir bitten dich für alle, die es schwer haben, dass du sie auf den Wüstenwegen ihres Lebens bewahrst und ihre Wege wieder durch freundlichere Landschaften führst.

Lasst uns lobsingen …

Hilf uns allen, dass nicht Angst und Resignation unser Leben bestimmen, sondern dass wir leben aus deiner Kraft, die neue Wege bahnt und neue Anfänge schafft. Um deine Begleitung, deinen Schutz und deine Hilfe bitten wir, wenn wir beten:

- Vaterunser

- Lied: Er ist erstanden (EG 116,4-5)

Lektor/in: Mk 16,7

Liturg/in:
Der Engel schickt die Frauen und die Jünger vom leeren Grab weg nach Galiläa. Er schickt sie an den Ort ihres Alltags. Auch wir kehren dahin zurück, wenn unser Alltag nach Ostern weitergeht. Aber wir wissen: An unseren Alltagsorten, in unseren Häusern, in unseren Familien und Nachbarschaften, in der Schule und am Arbeitsplatz bleibt der Auferstandene bei uns. Wir nehmen die Botschaft der Engel mit und sagen sie weiter: Fürchte dich nicht. Wir nehmen die Kraft von Ostern mit, die sich der Angst und der Resignation widersetzt und neue Anfänge schafft. Als Gesegnete gehen wir unseren Weg mit neuem Mut.

- Segen

So spricht Gott: Ich will dich segnen, und du sollst ein Segen sein.
So geh mit Gottes Liebe, nimm von seinem Licht,
sei ein Segen für die Menschen, denen du begegnest,
und sei ein Segen für diese Erde.
So segne und behüte dich Gott.

- Musik zum Ausgang

3. Ostersonntag

3.1 Das Grab ist leer

- Musik zum Eingang

- Begrüßungslied

Auf die Melodie von Kumbaya gehen wir durch die Kirche und begrüßen uns gegenseitig, wir geben uns die Hand und singen dabei immer wieder: Ich begrüße dich, hallo, ich begrüße dich, guten Tag, ich freue mich, dich zu sehn, wie schön, du bist da.

Dann werden die Kinder eingeladen, sich nach vorne zu setzen (zu diesem Zweck können die Damen aus dem Frauenkreis Sitzkissen umhäkeln, umstricken oder bunte Hüllen nähen).

- Begrüßung durch den Liturgen

Jesus Christus ist auferstanden – er ist wahrhaftig auferstanden. Mit dieser guten Nachricht begrüße ich Sie und euch heute Morgen. Wir feiern … ähm … wie heißt es noch gleich …

Die Kinder helfen weiter: Ostern.

Genau! Hat der Weihnachtsmann euch schon viele Geschenke gebracht?

Jetzt dürfen Sie sich mal richtig blöd stellen. Mit Hilfe der Kinder finden wir gemeinsam heraus, was wir an Ostern feiern. Spontan werden die Kinder sicherlich auch von morgendlichen Osternestfunden berichten.

Liturg/in:
Ich habe auch ein Osternest gefunden. *(Dieses wird vorgezeigt.)* Es sind ganz viele bunt gefärbte Eier darin! Schaut mal, so viele Farben.
Er oder sie zeigt die Eier und die Kinder nennen die Farben, das können auch schon die Kleinen.

Die Farben haben auch etwas zu bedeuten. An was denkt ihr, wenn ihr Gelb seht?

Die Kinder und der Liturg / die Liturgin überlegen gemeinsam, woran die Farben der Ostereier sie denken lassen.

Gelb: Sonne, Blumen, Licht …
Rot: Früchte, Blut, Feuer, Liebe, Marienkäfer …
Grün: Gras, Garten, Blätter …
Weiß: Schnee, ganz helles Licht, Badewanne …
Grau: Steine, Fels, Asphalt …
Braun: Erde …

Es gibt sogar ein schwarzes Ei: Man überlegt gemeinsam, warum ein schwarzes Ei dabei sein könnte. Die Kinder kommen auf Nacht, Dunkelheit, Trauer und je nach Bibelfestigkeit überlegen sie, ob das Ei an den Tod Jesu erinnert oder an die Nacht, als er verhaftet wurde. So bringen die Kinder für sie wichtige Elemente der Passionsgeschichte ein und erinnern sie.

- Lied: Laudato si (EG 515,1.6-8)

- Gebet (von einem älteren Kind vorgelesen)

Jesus Christus,
du bist nicht tot geblieben.
Gott hat dich wieder ins Leben gerufen.
Das macht auch uns froh.
Wir wissen jetzt, dass du immer bei uns bist,
dass dir nicht egal ist, was mit uns geschieht.
Du bist bei uns, wenn wir traurig sind.
Du freust dich mit uns, wenn wir uns freuen.
Heute freuen wir uns, weil Ostern ist
und wir so fröhlich miteinander feiern können.
Danke, dass du da bist.

- Glaubensbekenntnis

Ich glaube an Gott.
Er hat sich die ganze Welt ausgedacht:
Die Sonne, Mond und Sterne,
die Bäume und Blumen,

die Vögel und Fische,
den Schmetterling, den Elefanten und das Reh.
Auch ich bin ein Gedanke Gottes.
Er hat mich unverwechselbar gemacht
und sagt zu mir: Ich habe dich lieb.

Ich glaube an Jesus,
der die Kinder zu sich rief
und allen Menschen Gottes Liebe gezeigt hat.
Er hat viele Menschen satt gemacht
mit Brot und auch mit Hoffnung.
Ich möchte leben, wie er es uns gezeigt hat:
Mit Hoffnung, mit Liebe, mit Vertrauen, mit Mut.

Ich glaube an den Geist Gottes,
der eine graue Welt bunt macht,
der Traurige wieder fröhlich macht,
Hoffnungslosen neuen Mut gibt
und Müden neue Kraft.
Amen

- Lied: Halleluja … Freut euch, ihr Christen, erstanden ist der Herr (EG 182,8)

- Die Ostergeschichte wird anhand von farbigen Tüchern erzählt.

Erzähler/in:
Als die Geschichte von Ostern beginnt, ist es ganz dunkel *(ein schwarzes Tuch wird hochgehalten und dann auf die Erde gelegt)*. Es ist noch Nacht. Die Sonne ist noch nicht aufgegangen. Es ist noch dunkel. Aber es ist auch dunkel, weil da drei Frauen sind, die sehr traurig sind. Für sie fühlt es sich so an, als wäre es nicht nur draußen dunkel, sondern auch in ihnen drin, in ihren Herzen und in ihren Gedanken.

Dann geht die Sonne auf *(ein rotes Tuch wird hochgehalten und auf das schwarze gelegt)*. Die Frauen machen sich jetzt auf den Weg. Sie möchten noch einmal zum Grab gehen. Zum Grab von Jesus. Sie möchten Jesus salben. Das bedeutet: Sie wollen ihn mit einem gut riechenden Öl einreiben. So wollen sie sich von ihm verabschieden. Sie wollen noch einmal zeigen, wie lieb sie ihn gehabt haben.

Die Frauen kommen in den Garten, in dem das Grab von Jesus ist *(ein grünes Tuch wird hochgehalten)*.

Sie machen sich Gedanken, denn das Grab ist mit einem Stein verschlossen. Das Grab ist eine Höhle in einem Felsen *(ein graues Tuch wird hochgehalten)*. Die Frauen überlegen, wie sie den schweren Stein vor dem Grab wegrollen können. Der Stein ist sehr schwer. So schwer, dass die Frauen ihn nicht wegbewegen können.

Aber als die Frauen näherkommen, ist alles ganz anders, als sie es erwarten: Der Stein liegt nicht mehr vor dem Grab. Er ist beiseite gerollt worden.
Da beim Grab, da ist etwas. Da sind zwei Männer in einem hellen glänzenden Gewand *(ein weißes Tuch wird hochgehalten)*. Es sind Engel. Sie sagen den Frauen:
(andere Stimme:) Fürchtet euch nicht! Warum sucht ihr den Lebenden bei den Toten? Jesus ist nicht hier. Er ist auferstanden!

Die Frauen erschrecken sehr. Aber dann begreifen sie: Es ist so gekommen, wie Jesus es selbst gesagt hat. Gott hat ihn aus dem Tod geholt. Jesus ist nicht mehr tot. Er ist auferstanden! Er lebt! Die Frauen freuen sich *(ein gelbes Tuch wird hochgehalten)*. Sie laufen zu den anderen Freunden und Freundinnen von Jesus und bringen ihnen die gute Nachricht: Jesus ist nicht tot. Er lebt!

- Lied: Christ ist erstanden (EG 99)

- Predigtimpuls für die Erwachsenen

Jesus ist nicht tot! Er lebt. So endet die Geschichte. Aber sie ist noch nicht wirklich zu Ende. Sie geht weiter, wenn auch für uns Ostern wird. Was damals geschah, bleibt nur eine ferne Geschichte, wenn du nicht die Kraft erfährst, die in ihr steckt: Ostern geschieht nicht nur damals, Ostern geschieht auch jetzt. Das hören wir mitten in die Trauer und unsere Verluste hinein: Wir gehören nicht dem Tod. Wir gehören Gott. Er hat den Tod besiegt. Wir hören es mitten in unsere Sorgen hinein: Es wird neue Anfänge geben, weil Gott neue Wege eröffnet. Wir hören in unserer Angst die Botschaft der Engel: Fürchte dich nicht. Mit neuem Mut und mit neuer Kraft gehen wir darum, tragen das Osterlicht in unser Leben hinein und sagen die gute Nachricht weiter: Jesus Christus ist auferstanden! Er ist wahrhaftig auferstanden!

- Lied: Er ist erstanden, Halleluja (EG 116,1-3)

- Fürbitten

Zu den einzelnen Fürbitten werden Teelichter in Gläsern angezündet. Die Gläser werden dann auf den Altar gestellt und mit den farbigen Tüchern umwickelt. Auch große Stumpenkerzen sind geeignet. Diese Aufgabe können Konfirmanden oder Jugendliche übernehmen.

Guter Gott, wir bitten dich für alle, die traurig sind. Hilf ihnen, dass sie wieder lachen können.

Die erste Kerze wird entzündet, in das Glas gesetzt, auf den Altar gestellt und mit dem schwarzen Tuch umlegt.

Wir bitten dich für alle, die einander lieb haben, dass ihre Liebe nicht aufhört.
Die zweite Kerze wird entzündet und mit dem roten Tuch umlegt.

Wir bitten dich für deine Erde, das Gras, die Bäume und Sträucher und Blumen, dass sie guten Boden ohne Gift haben, genug Wasser und gute Luft ohne Schmutz, damit sie nicht verderben.
Die dritte Kerze wird entzündet und mit dem grünen Tuch umlegt.

Wir bitten dich für alle, die müde sind, dass sie neue Kraft bekommen.
Die vierte Kerze wird entzündet und mit dem grauen Tuch umlegt.

Wir bitten dich für alle, die Angst haben, dass sie sich nicht mehr fürchten müssen.
Die fünfte Kerze wird entzündet und mit dem weißen Tuch umlegt.

Wir bitten dich, dass wir fröhlich Ostern feiern können.
Die sechste Kerze wird entzündet und mit dem gelben Tuch umlegt.

Gemeinsam beten wir:

- Vaterunser

Wir nehmen einander an der Hand und ziehen durch die Kirche. Dazu singen wir wiederholt:

- Lied: „Halleluja“ aus dem Lied „Suchet zuerst Gottes Reich in dieser Welt“ (EG 182) oder den Kehrvers des Liedes „Gott, dein guter Segen“ (Text: Reinhard Bäcker, Melodie: Detlev Jöcker)

Zum Segen bilden wir einen großen Kreis, wenn möglich um den Altar.

- Segen

Gott verwandle deine Trauer in Freude,
Gott verwandle deine Ängste in Mut,
Gott verwandle deine Sorge in Zuversicht.
Der gute Gott verwandle dich.

In Anschluss an den Gottesdienst suchen die Kinder bunte Ostereier im Pfarrgarten, am besten in den Farben der Geschichte. Jeder Erwachsene bekommt natürlich auch ein Ei! Ein Osterfrühstück kann sich anschließen.

- Musik zum Ausgang

3.2 Maria!

- Musik zum Eingang

- Eingangslied: Wir wollen alle fröhlich sein (EG 100)

- Votum – Liturgischer Gruß

- Begrüßung

- Psalm 118 im Wechsel (Liturg/in – Gemeinde)

- Eingangsgebet

Gott, noch traue ich der Wärme nicht,
der Winter in mir war so lange,
der Boden ist karg und verwaist,
nur leere Ackerfurchen.
Hilf doch, dass mein Herz sich dem Osterlicht öffnet
wie das Samenkorn, das nun erwacht,
weil seine Zeit gekommen ist,
das die Schale sprengt und dem Licht entgegenwächst.
Hilf doch, dass meine Seele das Grau abstreift,
wie ein Schmetterling, der sich aus dem Kokon herauskämpft,
aus der Raupenhaut,
und dann die Schwingen ausbreitet, so weit, und fliegt.
Hilf mir, den Engel zu sehen,
der am Grab auf mich wartet
und der mir sagt: Fürchte dich nicht.

- Kyrieruf – Gnadenzuspruch – Gloria

- Loblied: Christ ist erstanden (EG 99)

- Tagesgebet

Christus,
du bist auferstanden. Das Grab ist offen.
Liebe überwindet den Tod.

Die Macht des Stärkeren hat nicht das letzte Wort.
Frech und unausrottbar ist die Hoffnung,
die du gebracht hast.
Ruf uns, Auferstandener, aus unseren Toden,
aus den Dunkelheiten,
aus den Gräbern, die uns halten,
die Gräber begrabener Hoffnungen,
aufgegebener Träume und enttäuschter Erwartungen.
Hilf uns, Auferstandener,
das Leben zu fassen,
das Leben wieder zu lieben,
heute im Licht dieses Morgens.

- Sprechszene als Hinführung zur Lesung

Maria von Magdala:
Wie endlos lang diese Nacht doch war. Immer wieder bin ich aus meinen Träumen aufgeschreckt. Dann war all das Schreckliche, das passiert ist, wieder da. Ich habe so sehr darauf gewartet, dass endlich der Morgen kommt.

Johanna:
Kommt, Schwestern, lasst uns gehen. Es ist noch dunkel und ganz still. Aber wir finden doch keine Ruhe mehr. Wenn wir uns jetzt auf den Weg machen, werden wir am Grab sein, wenn die Sonne aufgeht.

Maria, Mutter des Jakobus:
Ich habe die Salben bereitet. Es ist das Letzte, was wir für ihn tun können.

Maria von Magdala:
Aber was wird aus dem Stein? Ihr habt doch auch gesehen, dass die Männer einen ganz großen Stein vor das Grab gerollt haben.

Maria, Mutter des Jakobus:
Ja, das ist wahr. Wer rollt uns den Stein weg? Wir können ja gar nicht hineingehen in das Grab!

Johanna:
Vielleicht wird der Gärtner da sein und uns den Stein wegrollen helfen.

Stille

Maria, Mutter des Jakobus:
Was ist das? Seht ihr das?

Maria von Magdala:
Schaut nur, der Stein ist weggerollt.

Johanna:
Das Grab ist offen. Wir können hinein.

Maria, Mutter des Jakobus:
Das macht mir Angst. Was hat das zu bedeuten?

Maria von Magdala:
Ich gehe hinein. – Hier ist niemand mehr. Kommt her und schaut selber nach: Das Grab ist leer.

- Lesung: Lukas 24,2-8

- Glaubensbekenntnis

- Hauptlied: Erschienen ist der herrlich Tag (EG 106)

- Predigt zu Johannes 20,1-8

Liebe Gemeinde,
wenige Tage vor Ostern bin ich auf den Friedhof gegangen. Ich habe sie dort gesucht und ich habe sie dort auch gefunden: meine Maria Magdalena. Eine Frau, die weinend am Grabe steht, am Grab des geliebten Menschen. Eine Frau, die es noch nicht fassen kann: wirklich tot? Eine Frau, deren Liebe in Tränen weiterlebt, deren Gesicht von Schmerzen und Trauer gezeichnet ist. Zu frisch ist sie noch, die Wunde, die der Tod in ihr Leben gerissen hat. Maria Magdalena stand am Grab und weinte. Ich habe sie gesehen.

Ich bin oft auf dem Friedhof. Ich erlebe ihn nicht als trostlosen Ort; nein, in allem Leid spüre ich dort viel Wärme. Beides habe ich draußen am Friedhof gefunden: Sterben und Leben, Verwelken und Blühen. Und Frieden, erbeten und auch geschenkt. Frieden, den hätte auch diese eine gern gehabt: Maria Magdalena, die draußen am Grab steht und weint. Aber sie findet ihn nicht, den Frieden nicht und nicht den Leichnam des geliebten Menschen. Das ist das Schlimmste, was man ihr antun konnte: ihn wegnehmen. Sie weiß nicht, wo er ist. Und sie hat keinen Ort, wo ihre Liebe weiterleben kann, keinen Ort, zu dem sie fliehen kann, keinen Ort der vertrauten Zwiesprache und des Trostes. Die Engel im Grab verbieten Maria ihre Trauer nicht. Sie gehen nicht über ihre Gefühle hinweg und sagen gleich: „Warum weinst du? Der Herr ist auferstanden!" Die Engel lassen Maria Zeit. Sie fragen sie nur: „Frau, was weinst du?", und sie geben ihr so die Möglichkeit, auszusprechen, was sie bedrückt. Ich wünschte mir, es gäbe mehr solcher Engel, die zu den Trauernden kommen. Die einfach da sind, zuhören, den Trauernden Zeit lassen. Manchmal hört man den Ratschlag: Wir Christen brauchen nicht zu trauern, wir glauben ja an die Auferstehung der Toten. An diesen Ratschlag halten sich die Engel – Gott sei Dank – nicht.

In ihrer Trauer begegnet Maria dem Auferstandenen. Sie sieht Jesus stehen und weiß nicht, dass es Jesus ist. Sie hält ihn für den Gärtner. Auf einmal gewinnen Worte an Gewicht, die im Johannesevangelium wie beiläufig erzählt werden. Ein Kapitel zuvor teilt uns der Evangelist scheinbar eine Nebensächlichkeit mit. Er schreibt: „Es war aber an dem Ort, wo er gekreuzigt wurde, ein Garten, und in dem Garten ein neues Grab, in das noch nie jemand hineingelegt worden war". Unmittelbar neben dem Ort der Hinrichtung liegt ein Garten: wie eine Erinnerung an die Zeit des Anfangs, in der die Erde noch war wie ein Garten, von Gott gepflanzt, ihn zu bebauen und zu bewahren. Unter den Händen des Gärtners hatte damals noch alles seinen Sinn und seine Ordnung. Inmitten dieses Gartens ein Grab, das noch nie gebraucht wurde: Das klingt, als sei dieser Garten noch ein letztes bewahrtes Stück vom Garten Eden.

Ich glaube, viele von uns haben in sich die Sehnsucht nach einem solchen Stück bewahrten Gartens in sich bewahrt. Weil wir das andere so gut kennen: Bilder von zusammengepferchten und gemästeten Tieren, Öl verklebten Vögeln, im Dreck und Abfall erstickten Pflanzen und Bächen. In den Diskussionen um Fleischpreise und im Kaufverhalten spiegelt sich etwas von unserem Umgang mit der Schöpfung: Wie teuer darf Fleisch sein? Wie viel ist uns eine artgerechte gute Haltung von Tieren wert? Leben wird der Kalkulation unterworfen, der Tod in unsere Rechnungen einbezogen.

Die Kalkulation des Todes wird aber infrage gestellt, weil direkt neben dem Ort der Hinrichtung das Leben neu erscheint. Leibhaftig steht Jesus vor Maria, doch sie erkennt nicht, dass es Jesus ist. Das neue Leben, darin ist es wahrhaft neu, entzieht sich unserem Zugriff, auch dem gut gemeinten. Es lässt sich nicht mehr umklammern, auch von der Liebe nicht, da auch Liebe unterwerfen kann. Das neue Leben kann nicht mehr gefangen genommen werden, wie Jesus zuvor in Gethsemane gefangen genommen werden konnte. Das neue Leben ist davor geschützt, noch einmal unterworfen zu werden. Und wenn ich sehe, was wir aus Leben machen, dann tröstet es mich, dass dieses neue Leben uns entzogen bleibt. Endlich einmal erscheint ein unverfügbares Leben, dessen wir nicht Herr werden können.

Dieses neue Leben lässt sich deshalb nicht finden, es spricht an. Nur ein Wort sagt Jesus: „Maria!" Wer von Ihnen schon einmal einen Menschen verloren hat, den er geliebt hat, wird das wiedererkennen. Da hört man des Nachts im Traum die Stimme des geliebten Menschen. Und man fühlt sich unendlich viel tiefer angesprochen als durch all die täglichen Begrüßungen und Nennungen des eigenen Namens. So hat der Vater einen immer gerufen, so liebevoll hat nur ein Liebender den Namen auf den Lippen. So viel Nähe, so viel Erkennen, so viel Annahme drückt sich aus nur in der Art, wie der Name gesagt wird. So geht es auch Maria – und wie man einen solchen Traum nicht lassen will, so will Maria Jesus in ihre Arme schließen. Sie will noch einmal das Leben fassen. Aber gerade in unserem Wunsch, das Leben festzuhalten, festzunageln, stehen wir in der Gefahr, dass es in unseren Händen erstirbt. Deshalb spricht Jesus zu Maria: „Du kannst mich nicht festhalten".

Aber wie sollte Maria nun den loslassen können, den sie endlich wiedergefunden hat? Dazu befreit sie nur das Wort Jesu: Maria! – nun aber nicht nur gehört als Wort des geliebten Menschen, den sie verloren und wiedergefunden hat, sondern zudem als Wort des Schöpfers, der den Garten angelegt hat, der Wasser gab auf trockenes, dürres Land, der Blumen und Bäume, Blüten und Früchte wachsen lässt, und der sie nun beim Namen ruft: Maria. Der, der Himmel und Erde geschaffen hat, kommt ihr ganz nah. Der, der alles, was atmet, am Leben hält, nennt sie bei ihrem Namen. Er ruft ihr zu: Fürchte dich nicht.

Der Auferstandene behält das neue Leben nicht für sich. Er spricht nicht nur von seinem Vater, sondern nennt seinen Vater unseren Vater. Seinen Gott nennt er unseren Gott. Sein Leben will er mit uns teilen. Deshalb sagt er zu Maria: „Du kannst mich nicht festhalten, denn ich bin noch auf dem Weg zum Vater." Er geht von Maria weg, um ihr auf neue Weise nahe zu sein. Er geht von Maria weg, um auch uns nahe sein zu können. Zu seinen Lebzeiten konnte Jesus immer nur zu einzelnen Menschen kommen, bei bestimmten Menschen einkehren. War er in Jerusalem, so war er nicht in Nazareth; und weilte er in Nazareth, war er nicht am See Genezareth. In Hemsbach war er nie. Deshalb sagt er zu Maria: „Ich muss zu meinem Vater auffahren. Denn nur wenn ich bei meinem Vater bin, kann ich zu allen kommen. Gehe du aber hin zu meinen Brüdern, und verkündige ihnen diese frohe Botschaft." Und Maria von Magdala geht und verkündigt den Jüngern: „Ich habe den Herrn gesehen."

Ich denke noch einmal an die Frau, die auf dem Friedhof am Grab eines geliebten Menschen stand. Ich habe in ihr Maria Magdalena erkannt. Ich wünsche ihr, dass ihr in ihrer Trauer Engel begegnen, die ihr Zeit lassen, die ihr Weinen aushalten. Die fragen können: „Was weinst du?", ohne immer gleich Antworten geben zu wollen. Und wenn sie im Traum die Stimme des Geliebten hört, der sie beim Namen nennt, dann wünsche ich ihr, dass sie ihren Namen so hört, als ob der Schöpfer der Welt sie leise durch alle Dinge anspricht. Dass sie neu Vertrauen zum Leben gewinnt, und die Schönheit der Blumen auf dem Grab des Geliebten erkennt. Das alles wünsche ich ihr – dass es möglich ist, macht das Zeugnis der Maria Magdalena deutlich. Und Maria von Magdala geht und verkündigt den Jüngern: „Ich habe den Herrn gesehen."

- Predigtlied: Auf, auf, mein Herz, mit Freuden (EG 112,1.4.6-7)

- Fürbitten mit Kyrieruf: Kehrvers des Liedes „Holz auf Jesu Schulter" (EG 97)

Gott des Lebens, rufe auch uns aus unseren Gräbern,
wo wir unsere Hoffnung begraben haben,
wo wir unsere Liebe begraben haben,

wo vorgefertigte Meinungen, Wände und Mauern zu Gräbern geworden sind,
rufe du uns in das Leben.

Wir rufen zu dir: Kyrie eleison …

Christus, Auferstandener,
bleibe bei den Trauernden mit deinem Trost,
bleibe bei den Verlassenen mit deiner Kraft,
bleibe bei den Weinenden mit deiner Wärme,
bleibe bei den Verzagten mit deinem Mut,
bleibe bei uns, wenn der Weg im Dunkeln liegt.

Wir rufen zu dir: Kyrie eleison …

Geist der Hoffnung,
führe uns in die Freude des Ostermorgens,
lege die Verwundungen in unserem Leben in dein heilendes Licht.
Wo etwas in uns erfroren ist, da führe uns in deine Wärme.
Führe uns aus der Gleichgültigkeit in die Liebe,
führe uns aus dem Streit in den Frieden,
führe uns aus der Angst ins Vertrauen,
führe uns aus der Resignation in einen neuen Anfang.
Führe uns und deine ganze Schöpfung in deine österliche Hoffnung.

Wir rufen zu dir: Kyrie eleison …

Stecke uns an, Gott, mit deiner Hoffnung, mit der Kraft, die aus dem Tod neues Leben schafft.

- Vaterunser

- Schlusslied: O Tod, wo ist dein Stachel nun? (EG 113,5.7-8)

- Segen

- Musik zum Ausgang

4. Ostermontag: Auf dem Weg nach Emmaus

- Musik zum Eingang

- Eingangslied: Wir danken dir, Herr Jesu Christ (EG 107)

- Votum – Liturgischer Gruß

- Begrüßung

- Psalm 118

- Eingangsgebet

Gott des Lebens,
dies ist wahrhaftig ein Tag, den du gemacht hast,
an dem wir deine Güte und Liebe erfahren,
Zeit, in der wir deine Wunder sehen,
Engel, die die gute Nachricht bringen:
Fürchte dich nicht.
Er ist nicht hier, er ist auferstanden.
Leben, das der Tod nicht festhalten konnte.
Wir sehnen uns nach diesen Wundern,
auch für uns, in unserem Leben:
Liebe, die nicht aufhört,
dass jeder bekommt, was er braucht
an Brot und an Sinn,
Hoffnung, die nicht zerbricht.
In das heilende Licht des Ostermorgens
legen wir unsere Verwundungen, Enttäuschungen und Versagen
und hören,
was du uns zusagst: Siehe, ich mache alles neu.

- Kyrieruf – Gnadenzuspruch – Gloria

- Loblied: Gelobt sei Gott im höchsten Thron (EG 103,1)

- Tagesgebet

Ja, du, Jesus Christus, hast viel für uns getan. Wir gehören nicht dem Dunkel, nicht der Angst und nicht dem Tod. Wir gehören dir, dem Auferstandenen, und mit dir leben wir.

- Lesung: 1. Korinther 15,12-20

- Glaubensbekenntnis

- Hauptlied: Mit Freuden zart zu dieser Fahrt (EG 108)

- Predigt zu Lukas 24,13-35

Der Weg führt von Jerusalem nach Emmaus. Vielleicht sind Sie ihn auch schon gegangen. Vielleicht sogar heute Morgen. Die Jünger kommen daher, wo manche von uns auch herkommen: von einem Grab. Viele Menschen besuchen an Ostern die Gräber ihrer Lieben, manche sehe ich dort, bevor sie in den Gottesdienst kommen. Sie wissen, was das bedeutet: von einem Grab herkommen. Sie kennen den langen Weg, der nach Emmaus führt. Den langen Weg, bis man wieder halbwegs gelernt hat zu leben. Den langen Weg, auf dem so schmerzlich bewusst wird: Nach diesem Abschied wird nichts mehr so sein, wie es früher war.

Es wird nie mehr so sein, wie es war. Auf der Straße traf ich eine Frau, die vor wenigen Monaten ihren Mann verloren hat. Sie erzählte, dass es ihr schon besser ginge, dass sie dieses und jenes unternimmt, um wieder ins Leben zurückzukommen. Sie sprach von ihrem Enkelkind, um das sie sich oft kümmerte. Und ganz am Ende, da sagte sie eben diese Worte: Es wird nie mehr so sein, wie es war.

Es wird nie mehr so sein, wie es war. Noch an einem anderen Ort habe ich das gehört. Wieder aus dem Munde einer Frau. In einer Fortbildung saß sie neben mir. Sie erzählte mir, dass ihre jüngste Tochter vor wenigen Tagen ausgezogen sei. Nun kam ihr das Haus so schrecklich groß und still vor. Es wird nie mehr so sein, wie es war.

Es wird niemals wieder so sein, wie es war. Viele Menschen sind unterwegs auf diesem Weg von Jerusalem nach Emmaus.

Jesus begegnet den beiden Jüngern auf einer ganz menschlichen Ebene. Er ist ein Fremder für sie, aber auch ein Mitmensch. Er fragt sie: „Was ist das, was euch beschäftigt? Warum seid ihr traurig? Warum weint ihr?" Ostern beginnt für die beiden Jünger damit, dass da einer kommt und ihnen zuhört, interessiert ist an ihrer Geschichte. Wie gut tut es, wenn einer kommt und uns fragt: „Warum bist du traurig? Was beschäftigt dich?“ Wie gut ist es, wenn einer ein Stück mitgeht und einfach zuhört. Damit beginnt hier Ostern: Den Jüngern wird es leichter ums Herz, sie fassen Vertrauen zu dem Fremden, sie trösten sich ein bisschen. Es wird ihnen leichter ums Herz, weil einer so gut zuzuhören versteht und eine neue Richtung in ihre Gedanken bringt.

Wussten Sie schon, dass die Nähe eines Menschen alles verändern kann?

Die Jünger erkennen Jesus nicht. Er legt ihnen die Schrift aus. Den ganzen Weg, den Jesus gegangen ist, lässt er sie in einem neuen Licht sehen. Aber darin, in den Erklärungen, da erkennen sie Jesus nicht. Sie erkennen ihn erst, als er für sie das Brot bricht, in dieser liebevollen, fast mütterlichen Geste. Diese Geste berührt ihr Herz. Da erkennen sie ihn.

Ostern, das ist nicht nur, dass ein anderer Mensch uns begegnet auf dem Weg nach Emmaus, dass wir Trost finden können in der Nähe und dem Mitgefühl anderer Menschen. Ostern, das ist, dass wir auf unserem Weg dem Auferstandenen selbst begegnen, der uns fragt: „Warum weinst du?“ Der Auferstandene, der uns stärkt mit dem Brot des Lebens. Da kommt kein Engel vom Himmel; es geschieht kein Erdbeben und auch sonst nicht viel Spektakuläres in dieser leisen Geschichte. Ostern ist, weil der auferstandene Herr an der Seite bleibt, auch wenn wir ihn gar nicht gleich erkennen. Ostern, das ist, dass Jesus zeigt, dass die Gemeinschaft mit ihm nie enden wird, weder im Leben noch im Tod.

Ostern, das ist, dass die Vergangenheit uns nicht mehr festhalten darf. Es wird nie mehr so sein, wie es einmal war. Aber die Vergangenheit darf nicht zum Grab unseres Lebens werden. Dann kann die Gegenwart anders gelebt werden, freier, sinnvoll, mit so viel Hoffnung wie möglich.

„Bleib bei uns, denn es will Abend werden, und der Tag hat sich geneigt“, so bitten die Jünger Jesus. Und er bleibt. Er stärkt sie mit dem Brot des Lebens. Er hilft ihnen, zu sehen und zu glauben.

„Herr, bleibe bei uns“ – und er wird bleiben. Bei uns bleiben im Auf und Ab unseres Lebens. Bei uns bleiben wenn nichts mehr so ist, wie es war. Bei uns bleiben in den Sorgen unseres Alltags und den Erfahrungen, die uns ins Wanken bringen. Bei uns bleiben, wenn es Nacht wird, und bei uns bleiben in unserem Glück.

Und wenn du dich auf dem Weg nach Emmaus befindest, dann bin ich sicher: Du wirst Jesus, dem Auferstandenen begegnen. Er wird bei dir sein, wenn der Abend kommt. Er wird dir das Brot des Lebens brechen. Vielleicht wirst du ihn nicht gleich erkennen. Aber du wirst spüren, dass dein Herz, das so lange taub und stumm war, in dir zu brennen beginnt von neuem Leben.

- Predigtlied: Jesus lebt, mit ihm auch ich (EG 115,1-3.5)

- Fürbitten

Jesus Christus, du bist zu den Jüngern gekommen, als sie weggingen von Jerusalem nach Emmaus.
Darum bitten wir dich für alle, die heute auf dem Weg sind:
Voller Trauer, weil sie vom Grab eines geliebten Menschen kommen,
sende ihnen Wegbegleiter, die ihnen zuhören und ihnen beistehen,
bleibe du selbst an ihrer Seite,
zeige ihnen, dass der gemeinsame Weg noch nicht zu Ende gegangen ist.
Wir bitten für alle auf dem Weg nach Emmaus,
für alle, die nicht mehr glauben können, weil etwas in ihnen zerbrochen ist,
dass andere für sie glauben und ihnen einen neuen Blick ermöglichen,
ein neuer Blick auf ihr Leben, der versteht und nicht verurteilt.
Für alle, die niedergedrückt sind von Versagen und Ängsten,
dass sie wieder aufrecht gehen können und erfahren: Ich bin geliebt.
Für alle, die keinen Sinn mehr sehen und keine Kraft mehr haben für den nächsten Schritt,
dass sie gestärkt werden und heilen im Mitgefühl und in der Liebe von Menschen, die an ihrer Seite bleiben.
Schenke uns allen Menschen, die bei uns bleiben, wenn es in uns dunkel und der Weg schwer ist.
Mit dir beten wir zu Gott, unserem Vater:

- Vaterunser

- Schlusslied: Erstanden ist der heilig Christ (EG 105,1.15-17)

- Segen

- Musik zum Ausgang

5. Quasimodogeniti: Leben aus der Kraft von Ostern

- Musik zum Eingang

- Eingangslied: Wir wollen alle fröhlich sein (EG 100)

- Votum – Liturgischer Gruß

- Begrüßung

- Psalm 116 im Wechsel (Liturg/in – Gemeinde)

- Kyrieruf – Gnadenzuspruch – Gloria

- Loblied: Christ ist erstanden (EG 99)

- Tagesgebet

Jesus Christus,
am Ostermorgen hast du die Frauen vom Grab weg nach Galiläa geschickt,
an den Ort ihres Alltags.
Auch uns schickst du zurück an die Orte unseres Alltags.
Aber wie sie gehen wir als Verwandelte.
Verwandelte sind wir, denn das Licht von Ostern hat auch uns berührt.
Wir bitten dich, dass wir die Kraft von Ostern mitnehmen,
neuen Mut, als Christinnen und Christen in unserem Alltag zu leben,
neue Kraft, wenn wir müde werden,
Licht, das uns froh macht und das wir mit anderen teilen können,
Mut und Kraft und Licht,
weil du bei uns sendest und weil du bei uns bleibst,
Auferstandener.

- Lesung: 1. Petrus 1,3-9

- Glaubensbekenntnis

- Hauptlied: Jesus Christus, unser Heiland (EG 102)

- Predigt zu Markus 16,9-20

Was geschieht eigentlich, wenn Ostern vorbei ist? Was geschieht nach der Auferstehung Jesu; was kommt dann, wenn das Fest zu Ende ist und der Alltag wieder beginnt? Das erzählen uns die letzten Verse des Markusevangeliums. Wir hören, wie viele Menschen dem Auferstandenen begegnet sind: Maria von Magdala, die zwei Jünger auf dem Weg nach Emmaus und die elf, die übrig geblieben sind. Sie alle können es erst nicht glauben, aber dann erkennen sie es: Es ist wahr. Jesus ist wahrhaftig auferstanden. Er ruft sie aus ihrer Angst und aus dem Scherbenhaufen ihres Glaubens und sendet sie in die Welt. Heil sollen sie ihr bringen: die gute Nachricht, dass Jesus lebt, Hoffnung für die Kranken, Befreiung für die, die dunkle Schatten niederdrücken.

Nicht immer hat das Markusevangelium mit diesen Worten geendet. Die ältesten Handschriften des Evangeliums schließen schon mit dem vorherigen Abschnitt (mit Vers 8). Da heißt es von den Frauen, die am Grab waren: „Und sie gingen hinaus und flohen von dem Grab; denn Zittern und Entsetzen hatte sie ergriffen. Und sie sagten niemandem etwas, denn sie fürchteten sich". Der dann folgende Schluss wurde vermutlich erst im 2. Jahrhundert angefügt.

Viele Jahre wird das Markusevangelium als eine Geschichte erzählt, die mit Angst und Erschütterung endet: Zittern und Entsetzen hatte sie ergriffen und sie fürchteten sich. Und gewiss ist Angst und Entsetzen eine naheliegende Reaktion, wenn man dem Auferstandenen begegnet. Dass einer, der tot war, wieder lebt, das widerspricht allem, was unser Leben prägt, widerspricht der Logik des Todes, an die wir glauben und nach der unsere Welt tickt. Vielleicht liegt es daran, dass wir an Ostern manchmal etwas ratlos in den Kirchenbänken sitzen.

Auch die Jüngerinnen und Jünger kennen die bittere Logik des Todes. Als sie zum Grab gehen, gehen sie ohne Erwartung und ohne Hoffnung. Dass sie mit Angst und Schrecken auf das leere Grab reagieren, zeigt, dass die Logik des Todes nicht einfach außer Kraft gesetzt wird. Die Geschichte endet mit der Angst der Frauen. Doch immer mehr erkennen die Menschen, die an Jesus glauben: Das ist nicht alles. Die Geschichte des Glaubens kann nicht mit der Angst enden. Immer mehr Menschen sind dem Auferstandenen begegnet. Immer mehr erfahren: Er lebt. Als die Zeit dafür reif ist, da schreibt einer das Evangelium des Markus fort zu einem neuen Ende. Ein neues Ende, das von Hoffnung und Aufbruch erzählt. Er denkt sich dieses neue Ende nicht einfach aus. Er schreibt Erfahrungen auf, die Menschen mit dem Auferstandenen gemacht haben und von denen die anderen Evangelien berichten.

Die Furcht kann nicht das Letzte sein in der Geschichte unseres Glaubens. Die Angst kann nicht das letzte Wort haben auf dem Weg, den wir mit Jesus gehen. Ich finde das Mut machend, gerade heute, da auch für uns der Schimmer des Ostermorgens zu verblassen beginnt und der Alltag uns wieder einholt. Wir singen noch die fröhlichen Osterlieder, aber sie rücken doch schon etwas in die Ferne. Manche von uns werden wieder gewahr, dass Schatten auf ihrem Leben liegen; manche erkennen schmerzhaft, dass ihre Passionsgeschichte noch kein Ende gefunden hat. Da ist die Krankheit noch immer da, mit der gerungen werden muss, jeden Tag neu. Da wird die Angst um den Arbeitsplatz wieder wach, die die Helle der Ostertage in der Familie für eine Zeit in Schach gehalten hat. Da beginnt die Trauer wieder zu brennen und noch immer ist da die Sehnsucht, dass einer kommt und sagt: „Frau, was weinst du?“, und auch das andere, Worte von Engeln: „Fürchte dich nicht.“ Da wird uns neu bewusst, dass das Leiden der Schöpfung weitergeht, dass jeden Tag Arten von Tieren und Pflanzen unwiederbringlich vergehen und unsere Erde an einem Abgrund steht.

Hört darum aufmerksam mit mir auf das, was uns am Ende des Markusevangeliums gesagt wird, was uns dann gesagt wird, wenn Ostern vorbei ist. Die Angst hat nicht das letzte Wort, wenn wir dem Auferstandenen begegnen. Eine neue Kraft wird verliehen, die Kraft von Ostern. Menschen werden aufgerichtet zu einem österlichen Leben, österliches Leben trotz aller Bedrohung, Leben, das dem Tode trotzt und nicht erst dann kommt, wenn wir in die Schatten gehen, sondern das jetzt hier und heute beginnt: Auferstehung ins Leben hinein. Wie seine Jüngerinnen und Jünger sendet Jesus uns: Richtet die gute Nachricht aus an alles, was lebt, an jeden Mann, jede Frau, jedes Kind, Pflanzen und Tiere, mit euren Worten und mit eurem Leben.

Wenn wir an Ostern ratlos in der Kirchenbank sitzen, geht es uns so ähnlich wie den Jüngerinnen und Jüngern damals. Sie hören, was die Frauen zu sagen haben, aber sie glauben ihnen nicht. Wir hören über Zeit und Raum hinweg die atemlose Botschaft der Frauen: Jesus ist auferstanden! Und es geht uns wie den Jüngern damals: Wir können es erst einmal nicht glauben. Es ist so leicht hängen zu bleiben in vielen Fragen: Ist das alles wirklich geschehen? War das Grab leer? Ist Jesus wirklich auferstanden? Es ist wie bei den Jüngern: Wir hören die Geschichte vom Ostermorgen, aber wie ihnen ist Unglaube und Zweifel uns näher als Gewissheit und Glaube. Doch gerade weil die Schatten des Zweifels in uns oft größer sind als das Licht des Glaubens, ist es ermutigend, dem Beispiel der Jüngerinnen und Jünger zu folgen: Sie gehen hinaus in ihr Leben und richten die gute Nachricht aus in dem, was sie sagen, in dem, was sie leben, in dem, was sie tun. Auf diesem Weg begegnen sie dem Auferstandenen.

Ja, der Auferstandene sendet uns wie die Jüngerinnen und Jünger damals, unseren Unglauben beiseitezuschieben, die hartherzigen Herzen zu öffnen und unser Leben in die Waagschale des Guten zu werfen. Aus der Kraft von Ostern leben heißt, dem immerwährenden Karfreitag zu widerstehen, dem Hass die Liebe, der Gleichgültigkeit das Mitgefühl entgegenzustellen.

Ich bin sicher: Wenn wir uns von Ostern her senden lassen in unser Leben, in unsere Welt, dann werden auch wir sagen können: Der Auferstandene ist mir begegnet. Er ist mir begegnet als die Kraft, die mir in meiner Trauer half, einen Schritt nach dem anderen zu gehen und nicht aufzugeben. Der Auferstandene ist auch mir begegnet. Die Schatten hat er vertrieben und mir ein neues Lachen geschenkt. Der Auferstandene ist auch mir begegnet. Er hat mich davor bewahrt, mein Herz verhärten zu lassen in der Gleichgültigkeit, und hat mir ein anderes gegeben, eines, das zu neuer Liebe erwacht. Ich darf dann an Ostern ruhig etwas ratlos in meiner Kirchenbank sitzen. Denn ich erkenne: Ostern geschieht nicht an diesem einen Tag. Ostern zu begreifen, das fordert nicht weniger als mein ganzes Leben.

Wenn wir das erfahren, dann können auch wir uns in die Schar der Zeuginnen und Zeugen von Ostern einreihen und sagen: Auch ich bin dem Auferstandenen begegnet! Er wartet auf mich auf dem Weg und mir gilt sein Wort, das Wort des Ostermorgens: Friede sei mit dir.

Friede sei mit dir!

- Predigtlied: Er ist erstanden, Halleluja (EG 116,1.4-5)

- Fürbitten

Jesus Christus,
wie du die Jünger und Jüngerinnen in die Welt gesandt hast,
so sendest du auch uns.

Gib uns Mut, dass wir glaubwürdige und fröhliche Zeugen deiner Auferstehung sind
in unserem Leben, in unseren Familien, als Freundinnen und Nachbarn, am Arbeitsplatz und in der Schule, in unseren Aufgaben, in den Vereinen und Ehrenämtern, in denen wir uns engagieren. Sei bei uns mit deinem Segen. Darum bitten wir dich.

Guter Gott, wir bitten für deine Kirche, dass sie eine glaubwürdige Botin deiner Liebe ist,
für unsere Gemeinde, dass in ihr Menschen ansteckend und zuversichtlich glauben,
für die Kinder unter uns, dass sie unbeschwert aufwachsen,
für die Jugendlichen, dass sie Vertrauen ins Leben fassen und dich als Wegbegleiter erleben,
für die Schulen, dass sie Lebensorte sind, an denen auch der Glaube an dich sich ausdrücken kann,
für die Altgewordenen, dass sie nicht allein sind, sondern liebevolle Unterstützung finden,
für Lehrerinnen und Lehrer, Erzieherinnen und Erzieher, dass sie ihre Arbeit gern tun und gute Rahmenbedingungen haben, um jedes Kind fördern zu können,
für Ärztinnen und Ärzte, Krankenschwestern und Pfleger, dass sie trotz wachsender Bürokratie und Druck ihren Patienten mitmenschlich begegnen können.

Wir bitten für unseren Ort, dass wir in guten Nachbarschaften miteinander leben,
für alle, die sich ehrenamtlich engagieren, dass ihr Amt ihnen Freude macht und Lebenssinn gibt,
für alle, die Verantwortung übernehmen, dass sie weise handeln und miteinander gut arbeiten können, auch über Unterschiede hinweg,
für Flüchtlinge, die unter uns leben, dass sie einen guten Ort zu leben für sich finden und Wunden heilen können.

Wir bitten für uns, dass wir aufmerksam sind für die Menschen um uns her,
dass wir nicht wegsehen, wenn unser Hinsehen gebraucht wird,

dass wir gute Worte des Trostes und der Ermutigung füreinander finden.
Lass uns ein Segen sein für andere Menschen und für deine Erde.
Und wenn du uns sendest, gib uns deinen Geist der Kraft, der Liebe und der Besonnenheit.

Damit dein Reich wächst und kommt, beten wir:

- Vaterunser

- Schlusslied: Herr, wir bitten: Komm und segne uns (BEL 610) oder Ach bleib mit deiner Gnade bei uns (EG 347)

- Segen

- Musik zum Ausgang